Entzündungshemmende Ernährung und Basische Ernährung

Das große 2-in-1 Kochbuch mit leckeren Rezepten zur Reduzierung von Entzündungen und für einen optimalen Säure-Basen-Haushalt. Inkl. Ratgeber

Inhalt

Entzündungshemmende Ernährung

Vorwort

Liebe Leserin, lieber Leser,

ich freue mich, dir dieses Kochbuch zur entzündungshemmenden Ernährung vorstellen zu dürfen. Als leidenschaftliche Köchin habe ich mich intensiv mit der Frage beschäftigt, wie unsere Ernährung dazu beitragen kann, gesundheitliche Beschwerden zu lindern und unser Wohlbefinden zu steigern.

Das Herzstück dieses Buches bildet eine einfache, aber beeindruckende Wahrheit: Die Lebensmittel, die wir zu uns nehmen, haben direkten Einfluss auf unser Wohlbefinden und unsere Gesundheit. Indem wir lernen, welche Lebensmittel entzündungshemmende Eigenschaften haben und wie wir diese in unsere tägliche Ernährung integrieren können, geben wir uns selbst die Möglichkeit, aktiv dazu beizutragen, unsere Gesundheit und unser allgemeines Wohlbefinden zu fördern.

In diesem Kochbuch findest du eine Fülle von Informationen und Erkenntnissen, von der detaillierten Betrachtung einzelner Lebensmittel und ihrer entzündungshemmenden Eigenschaften bis hin zu den wichtigen Rollen, die Mikronährstoffe wie Vitamin D, Magnesium und Zink spielen. Jedes Kapitel ist darauf ausgelegt, dir ein tieferes Verständnis dieser Themen zu vermitteln und gleichzeitig praktische, anwendbare Ratschläge für deine tägliche Ernährung zu bieten.

Und natürlich wäre dieses Buch nicht vollständig ohne Rezepte! Im abschließenden Teil des Buches findest du eine Sammlung von Rezepten, die speziell dafür entwickelt wurden, entzündungshemmende Lebensmittel auf leckere und kreative Weise in deine Ernährung zu integrieren. Es ist mein aufrichtiger Wunsch, dass diese Rezepte nicht nur zu deiner Gesundheit beitragen, sondern auch Freude und Inspiration in deine Küche bringen.

Ich wünsche dir viel Spaß beim Lesen, Entdecken und Ausprobieren!

Herzliche Grüße,

Deine Nina Schulz

Grundlagen

Die Entstehung von Entzündungen

Entzündungen sind ein grundlegender Prozess, der tief in der Biologie unserer Körper verwurzelt ist. Sie sind das Produkt eines hochentwickelten, komplexen Immunsystems, das darauf ausgelegt ist, dich gesund zu halten, indem es gegen alles kämpft, was dich schädigen könnte. Bei der Entstehung von Entzündungen spielen eine Vielzahl von Zellen, Botenstoffen und physiologischen Prozessen eine Rolle.

Beginnen wir mit den Zellen. Es gibt verschiedene Arten von Leukozyten, auch bekannt als weiße Blutkörperchen, die in Entzündungsreaktionen involviert sind. Diese schließen Neutrophile, Monozyten, Makrophagen und Lymphozyten ein. Neutrophile sind oft die ersten Zellen, die auf den Ort einer Verletzung oder Infektion gelangen. Sie können Krankheitserreger direkt angreifen und zerstören. Monozyten, die sich in Makrophagen umwandeln können, kommen etwas später und helfen bei der „Aufräumarbeit". Sie können sowohl Krankheitserreger als auch abgestorbene Zellen und Gewebe phagozytieren und abbauen.

Aber wie wissen diese Zellen, wohin sie gehen sollen? Hier kommen die Botenstoffe ins Spiel. Zellen, die eine Verletzung oder Infektion erkennen, produzieren chemische Signale, die andere Immunzellen anziehen. Diese Signale können auch die Blutgefäße erweitern und ihre Durchlässigkeit erhöhen, was es den Immunzellen erleichtert, den betroffenen Bereich zu erreichen. Diese Prozesse führen zu den typischen Symptomen einer Entzündung: Rötung (durch erhöhte Durchblutung), Hitze (ebenfalls durch erhöhte Durchblutung), Schwellung (durch Flüssigkeit, die aus den Blutgefäßen austritt), Schmerz (durch Druck auf die Nerven und durch bestimmte Botenstoffe) und Funktionseinschränkung.

Jetzt fragst du dich vielleicht: Ist all dies nicht eher schlecht für den Körper? Warum sollte das Immunsystem solche Schmerzen und Beschwerden verursachen? Tatsächlich dient all dies einem guten Zweck: die Begrenzung der Schäden und die Förderung der Heilung. Die Entzündungsreaktion hilft, den Bereich der Verletzung oder Infektion abzugrenzen und zu verhindern, dass sich die Schädigung weiter ausbreitet. Sie hilft auch, abgestorbene Zellen und Gewebe abzubauen und die Bedingungen für die Reparatur und das Nachwachsen gesunden Gewebes zu schaffen.

Das Problem entsteht, wenn Entzündungsreaktionen aus dem Ruder laufen und nicht mehr richtig reguliert werden. Dann kann es zu chronischen Entzündungen kommen, die im Gegensatz zu akuten Entzündungen nicht auf eine bestimmte Verletzung oder Infektion reagieren, sondern dauerhaft bestehen. Dies kann passieren, wenn der ursprüngliche auslösende Faktor nicht beseitigt wird (wie bei einer chronischen Infektion), wenn der Körper fälschlicherweise gesundes Gewebe als fremd erkennt und angreift (wie bei Autoimmunerkrankungen), oder wenn verschiedene Faktoren das Gleichgewicht der Regulierungssysteme des Körpers stören. Letzteres kann beispielsweise durch eine ungesunde Ernährung, Stress, Bewegungsmangel, Schlafmangel oder Exposition gegenüber bestimmten Umweltgiften geschehen.

Chronische Entzündungen sind eine ernste Angelegenheit. Sie sind kein harmloses Phänomen, sondern können deinem Körper erheblichen Schaden zufügen und zu vielen verschiedenen Gesundheitsproblemen beitragen. Einige der bekanntesten sind Herzkrankheiten, Diabetes, bestimmte Krebsarten, neurodegenerative Erkrankungen wie Alzheimer und autoimmune Erkrankungen. Aber auch bei anderen Bedingungen, wie Fettleibigkeit, Depressionen und vorzeitigem Altern, spielt die chronische Entzündung eine Rolle.

Auswirkungen von Entzündungen auf den Körper

Wie wirkt sich eine Entzündung auf deinen Körper aus? Es gibt viele Möglichkeiten, wie Entzündungen dich beeinflussen können, sowohl auf direkter Ebene (durch die Wirkung auf das entzündete Gewebe selbst) als auch auf indirekter Ebene (durch Auswirkungen auf andere Teile deines Körpers und deines allgemeinen Wohlbefindens).

Schauen wir uns zunächst die direkten Auswirkungen an. Wie bereits erwähnt, verursacht eine Entzündungsreaktion typischerweise Symptome wie Rötung, Hitze, Schwellung, Schmerz und Funktionseinschränkung. Diese Symptome können von leicht bis schwer reichen und deine Lebensqualität in erheblichem Maße beeinträchtigen. Sie können dich daran hindern, die Dinge zu tun, die du gerne tust, und sogar einfache tägliche Aktivitäten zu einer Herausforderung machen. Schmerzen können besonders belastend sein. Sie sind nicht nur unangenehm, sondern können auch deinen Schlaf und deine Stimmung beeinträchtigen und Stress und Angst verstärken.

Auf indirekter Ebene kann eine Entzündung viele verschiedene Systeme und Funktionen in deinem Körper beeinflussen. Zum einen kann sie deinen

Stoffwechsel durcheinanderbringen. Entzündungen führen zu einer erhöhten Produktion von freien Radikalen, die Zellschäden verursachen können. Sie können auch die Insulinsensitivität verringern und damit das Risiko für die Entwicklung von Typ-2-Diabetes erhöhen. Darüber hinaus kann eine Entzündung die Funktion deines Gehirns beeinflussen. Es gibt viele Studien, die zeigen, dass Entzündungen mit einem erhöhten Risiko für neurodegenerative Erkrankungen wie Alzheimer und Parkinson sowie für psychische Störungen wie Depressionen und Angststörungen in Verbindung stehen.

Nicht zuletzt können Entzündungen auch dein Energielevel und dein allgemeines Wohlbefinden beeinträchtigen. Die Bekämpfung von Entzündungen verbraucht eine Menge Energie, und daher kann eine chronische Entzündung dazu führen, dass du dich ständig müde und erschöpft fühlst. Entzündungen können auch dein Immunsystem belasten und dich anfälliger für Infektionen machen.

Warum eine entzündungshemmende Ernährung?

Mit all dem im Hinterkopf ist es leicht zu erkennen, warum eine entzündungshemmende Ernährung so wichtig ist. Es geht nicht nur darum, die Entzündung selbst zu bekämpfen. Es geht auch darum, die vielen gesundheitlichen Probleme zu verhindern oder zu lindern, die durch Entzündungen verursacht oder verschlimmert werden können.

Aber was genau bedeutet eine entzündungshemmende Ernährung? Gibt es bestimmte Nahrungsmittel, die du essen oder meiden solltest? Und wie viel Einfluss kann deine Ernährung wirklich auf dein Entzündungslevel haben? Diese Fragen werden in den folgenden Kapiteln ausführlich behandelt. Aber um einen Vorgeschmack zu geben: Eine entzündungshemmende Ernährung konzentriert sich auf Vollwertkost, insbesondere auf pflanzliche Lebensmittel, und versucht, zuckerreiche und stark verarbeitete Lebensmittel zu minimieren. Und ja, deine Ernährung kann einen großen Einfluss auf dein Entzündungslevel haben. Zahlreiche Studien haben gezeigt, dass Diätveränderungen Entzündungsmarker im Blut signifikant beeinflussen können.

Ein letzter Punkt, bevor wir uns den verschiedenen Nahrungsmitteln und Nährstoffen zuwenden: Eine entzündungshemmende Ernährung ist nicht das Einzige, was du tun kannst, um Entzündungen zu bekämpfen. Andere Lebensstilfaktoren spielen ebenfalls eine große Rolle. Dazu gehören regelmäßige körperliche Aktivität, Stressmanagement, ausreichender Schlaf und das Vermeiden von Rauchen und übermäßigem Alkoholkonsum. All diese Faktoren wirken zusammen, um deinen Körper gesund und stark zu halten und das Risiko von Entzündungen und anderen gesundheitlichen Problemen zu minimieren.

Entzündungshemmende Nahrungsmittel

Gewürze und Kräuter

Gewürze und Kräuter sind kleine Kraftpakete, wenn es um die Bekämpfung von Entzündungen geht. Diese aromatischen Pflanzen enthalten eine Vielzahl von sekundären Pflanzenstoffen, die antioxidative und entzündungshemmende Eigenschaften aufweisen. Bevor wir uns näher mit den einzelnen Gewürzen und Kräutern befassen, möchte ich dir kurz erklären, was sekundäre Pflanzenstoffe sind.

Sekundäre Pflanzenstoffe sind chemische Verbindungen, die von Pflanzen produziert werden, oft um sich vor Schädlingen oder Krankheitserregern zu schützen. Sie sind nicht essenziell für die Pflanze (daher der Name „sekundär"), aber sie können für uns Menschen von großem Nutzen sein. Einige dieser Verbindungen, wie die Flavonoide und die Phenolsäuren, haben starke antioxidative Eigenschaften. Das bedeutet, sie können freie Radikale neutralisieren – reaktive Moleküle, die Zellschäden verursachen und zur Entzündungsreaktion beitragen können. Andere sekundäre Pflanzenstoffe können direkt auf die Entzündungswege in deinem Körper einwirken und so dazu beitragen, die Entzündungsreaktion zu dämpfen.

Jetzt, da wir das geklärt haben, lass uns tiefer in die Welt der gewürz- und kräuterbasierten Entzündungshemmer eintauchen. Da gibt es viele verschiedene Möglichkeiten, aber ich werde mich auf einige der bekanntesten und am besten erforschten konzentrieren.

Beginnen wir mit Kurkuma. Kurkuma, eine Zutat in Currypulver, ist bekannt für seine leuchtend gelbe Farbe und sein erdiges, leicht bitteres Aroma. Aber Kurkuma hat mehr zu bieten als nur Geschmack und Farbe. Das Gewürz enthält eine Verbindung namens Curcumin, die stark entzündungshemmend wirkt. Verschiedene Studien haben gezeigt, dass Curcumin in der Lage ist, eine Vielzahl von Signalwegen zu beeinflussen, die an der Entzündungsreaktion beteiligt sind. Einige dieser Studien haben sogar vorgeschlagen, dass Curcumin ebenso wirksam sein könnte wie einige entzündungshemmende Medikamente, aber ohne die damit verbundenen Nebenwirkungen.

Du fragst dich vielleicht, wie du mehr Kurkuma in deine Ernährung integrieren kannst. Eine Möglichkeit ist natürlich, mehr Currygerichte zu kochen. Aber du kannst Kurkuma auch zu Suppen, Eintöpfen und Reisgerichten hinzufügen oder es verwenden, um deinem Tee einen gesundheitsfördernden Kick zu geben.

Ein kleiner Tipp: Kombiniere Kurkuma immer mit einer Prise schwarzem Pfeffer. Piperin, eine Verbindung im schwarzen Pfeffer, kann die Aufnahme von Curcumin um bis zu 2000 % erhöhen!

Ein anderes Gewürz, das in der entzündungshemmenden Küche eine Rolle spielt, ist Ingwer. Ingwer enthält eine Gruppe von Verbindungen namens Gingerole, die eine starke entzündungshemmende Wirkung haben. Wie bei Kurkuma hat die Forschung gezeigt, dass diese Verbindungen in der Lage sind, verschiedene Entzündungswege zu beeinflussen und so dazu beitragen, die Entzündungsreaktion zu dämpfen.

Ingwer kann in vielen verschiedenen Gerichten verwendet werden, von asiatischen Stir-Frys und indischen Currys bis hin zu Gebäck und Tee. Es ist auch ein ausgezeichnetes Mittel gegen Übelkeit, also zögere nicht, einen frisch aufgebrühten Ingwertee zu genießen, wenn du dich einmal nicht ganz wohl fühlst.

Von den Gewürzen zu den Kräutern. Eines der bekanntesten entzündungshemmenden Kräuter ist wohl die grüne, duftende Pflanze, die wir alle als Basilikum kennen. Basilikum enthält eine Reihe von entzündungshemmenden Verbindungen, darunter Eugenol, das auch als starkes Antioxidans wirkt. Basilikum ist eine vielseitige Zutat, die in vielen verschiedenen Küchen und Gerichten verwendet werden kann. Ein klassisches Pesto Genovese beispielsweise ist ohne das würzige Kraut undenkbar.

Ein weiteres Kraut, das bei der Bekämpfung von Entzündungen hilfreich sein kann, ist Rosmarin. Rosmarin enthält eine Verbindung namens Rosmarinsäure, die antioxidative und entzündungshemmende Eigenschaften hat. Rosmarin ist ein tolles Kraut für Fleischgerichte, besonders für Lamm und Geflügel, kann aber auch in einer Vielzahl von vegetarischen und veganen Gerichten verwendet werden.

Das waren nur ein paar Beispiele für die vielen Gewürze und Kräuter, die deine Küche in eine entzündungshemmende Apotheke verwandeln können. Es gibt noch viele andere, darunter Oregano, Thymian, Zimt, Nelken, Knoblauch und viele mehr. Sie alle enthalten wertvolle sekundäre Pflanzenstoffe mit entzündungshemmenden Eigenschaften. Also zögere nicht, mit diesen aromatischen

Zutaten zu experimentieren und sie großzügig in deiner Küche zu verwenden. Nicht nur deine Geschmacksknospen, sondern auch dein Körper wird es dir danken!

Obst und Gemüse

Du hast sicherlich schon den Satz gehört: „An apple a day keeps the doctor away". Doch Äpfel sind nur eine von vielen Obst- und Gemüsesorten, die entzündungshemmende Eigenschaften aufweisen. Du wirst überrascht sein, wie vielfältig diese Kategorie ist und welche schmackhaften Möglichkeiten du hast, deinen Speiseplan entzündungshemmend zu gestalten. In der Welt der Früchte und Gemüsesorten gibt es wahrlich viel zu entdecken!

Da wären zunächst einmal die Beeren. Sie sind kleine, aber kraftvolle Verbündete im Kampf gegen Entzündungen. Egal ob Erdbeeren, Heidelbeeren, Himbeeren oder Brombeeren – sie alle enthalten Anthocyane. Diese Pflanzenstoffe, die für die intensive Farbe der Beeren verantwortlich sind, weisen starke antioxidative und entzündungshemmende Eigenschaften auf. Es ist also eine hervorragende Idee, deine Ernährung mit einer bunten Mischung dieser leckeren Früchte anzureichern. Füge sie zu deinem morgendlichen Müsli hinzu, verwende sie in Smoothies oder genieße sie einfach pur als erfrischenden Snack zwischendurch.

Weiter geht es mit dem Grünzeug. Hier stechen besonders die dunkelgrünen Blattgemüse hervor, wie Spinat, Grünkohl und Mangold. Sie sind reich an Vitaminen, Mineralstoffen und sekundären Pflanzenstoffen, die dein Immunsystem stärken und Entzündungen hemmen können. Besonders das in diesen Gemüsesorten enthaltene Vitamin K wirkt entzündungshemmend. Aber nicht nur das: Spinat, Grünkohl und Co. enthalten auch reichlich Ballaststoffe, die eine gesunde Darmflora fördern. Und da ein großer Teil deines Immunsystems in deinem Darm sitzt, kann eine gesunde Darmflora ebenfalls dazu beitragen, Entzündungen zu reduzieren.

Grünes Blattgemüse lässt sich auf vielfältige Weise zubereiten: Du kannst es dämpfen, sautieren, in Smoothies verarbeiten oder roh in Salaten verwenden. Ein Geheimtipp: Mische Spinat oder Grünkohl unter deine Pasta- oder Risottogerichte. Das gibt ihnen nicht nur eine hübsche grüne Farbe, sondern auch einen gesunden, entzündungshemmenden Kick!

Wenden wir uns nun den Zitrusfrüchten zu. Orangen, Zitronen, Grapefruits und Limetten sind reich an Vitamin C, einem starken Antioxidans, das die Fähigkeit hat, Entzündungen im Körper zu reduzieren. Vitamin C ist auch wichtig für die Kollagenproduktion in deinem Körper, was dazu beiträgt, deine Haut, deine Gelenke und dein Bindegewebe gesund zu halten. Neben Vitamin C enthalten Zitrusfrüchte auch andere Phytochemikalien mit entzündungshemmenden Eigenschaften, darunter verschiedene Flavonoide. Zitrusfrüchte sind vielseitig einsetzbar – du kannst sie pressen und ihren Saft trinken, sie in Scheiben schneiden und zu Salaten hinzufügen oder ihre Schale abreiben und als Würze verwenden.

Aber auch die Welt der Gemüsesorten bietet viele entzündungshemmende Optionen. Da wären zum Beispiel die Tomaten. Sie enthalten Lycopin, ein weiteres starkes Antioxidans, das besonders effektiv ist, wenn es erhitzt wird. Daher ist es eine gute Idee, Tomaten zu kochen, um das meiste aus ihrem entzündungshemmenden Potenzial herauszuholen.

Brokkoli verdient ebenfalls eine besondere Erwähnung. Dieses Kreuzblütler Gemüse ist eine wahre Superfood-Bombe, da es reich an den Vitaminen C, K und A sowie an Folsäure und Ballaststoffen ist. Aber das ist noch nicht alles: Brokkoli enthält auch Sulforaphan, eine schwefelhaltige Verbindung, die starke antioxidative und entzündungshemmende Eigenschaften hat. Also zögere nicht, dieses vielseitige Gemüse in deinen Ernährungsplan aufzunehmen.

Last but not least sollten auch die süßen Kartoffeln erwähnt werden. Sie sind eine exzellente Quelle für Beta-Carotin, das in deinem Körper in Vitamin A umgewandelt wird. Vitamin A ist ein wichtiges Antioxidans, das eine Schlüsselrolle bei der Regulierung des Immunsystems spielt. Süße Kartoffeln sind zudem reich an Ballaststoffen und können somit dazu beitragen, eine gesunde Darmflora zu fördern.

Dies war nur ein kleiner Ausschnitt aus der Vielfalt an Obst- und Gemüsesorten mit entzündungshemmenden Eigenschaften. Es gibt noch viele andere, darunter Ananas, Avocados, Sellerie, Paprika, Zwiebeln, Knoblauch und viele mehr. Denke daran: Je bunter dein Teller, desto besser! So stellst du sicher, dass du ein breites Spektrum an entzündungshemmenden Nährstoffen zu dir nimmst.

Gemüsebrühe selbst gemacht – ein entzündungshemmender Allrounder

Du siehst, es gibt eine Fülle an Obst- und Gemüsesorten, die entzündungshemmende Eigenschaften aufweisen. Aber wie kannst du sie in deinen Alltag integrieren? Eine Möglichkeit besteht darin, eine hausgemachte Gemüsebrühe herzustellen. Die Zubereitung ist denkbar einfach und du kannst die Brühe als Basis für eine Vielzahl von Gerichten verwenden, von Suppen und Eintöpfen bis hin zu Risotto und Soßen.

Hier ist ein einfaches Rezept:

Du brauchst etwa 1,5 Kilogramm gemischtes Gemüse. Denke daran, verschiedene Farben und Arten zu verwenden, um ein breites Spektrum an Nährstoffen zu erhalten. Zwiebeln, Karotten, Sellerie, Tomaten und Knoblauch sind eine gute Grundlage, aber du kannst auch andere Gemüsesorten wie Lauch, Paprika, Fenchel oder Kürbis verwenden. Zerkleinere das Gemüse grob und gib es in einen großen Topf. Füge genug Wasser hinzu, um das Gemüse vollständig zu bedecken, und lasse die Brühe bei niedriger Hitze zwei bis drei Stunden köcheln. Anschließend kannst du die Brühe durch ein Sieb abseihen und das Gemüse entsorgen oder für ein anderes Gericht verwenden. Die Brühe hält sich im Kühlschrank etwa eine Woche, kann aber auch in Portionen eingefroren und bei Bedarf aufgetaut werden.

So hast du immer eine gesunde, entzündungshemmende Basis für deine Gerichte parat. Aber das Beste ist: Du weißt genau, was drin ist, weil du die Brühe selbst gemacht hast. Keine versteckten Zusatzstoffe, keine künstlichen Geschmacksverstärker – nur reines, nährstoffreiches Gemüse!

Omega-3-Fettsäuren

Omega-3 Fettsäuren sind eine Art von mehrfach ungesättigten Fettsäuren, die für den Körper essentiell sind. Das bedeutet, dass der Körper sie nicht selbst produzieren kann und sie daher über die Nahrung aufgenommen werden müssen. Diese Fettsäuren sind wichtig für eine Reihe von Körperfunktionen, einschließlich der Gehirnfunktion und der Herzgesundheit. Sie nehmen auch eine wichtige Funktion bei der Bekämpfung von Entzündungen ein.

Omega-3-Fettsäuren kommen in verschiedenen Formen vor. Dazu gehören Alpha-Linolensäure (ALA), Eicosapentaensäure (EPA) und Docosahexaensäure (DHA). ALA ist die am häufigsten vorkommende Form in der Nahrung und wird vor allem in pflanzlichen Lebensmitteln gefunden. Der Körper kann ALA in begrenztem Umfang in EPA und DHA umwandeln, die entzündungshemmender sind.

Lebensmittel, die reich an Omega-3 Fettsäuren sind

Verschiedene Lebensmittel sind reich an Omega-3-Fettsäuren, insbesondere fetter Fisch wie Lachs, Makrele, Hering, Sardinen und Forelle. Sie enthalten große Mengen an EPA und DHA. Es wird empfohlen, mindestens zweimal pro Woche fetten Fisch zu essen, um eine ausreichende Zufuhr dieser wertvollen Fettsäuren zu gewährleisten.

Es gibt aber auch pflanzliche Quellen für Omega-3 Fettsäuren, insbesondere für ALA. Dazu gehören Leinsamen, Chiasamen, Walnüsse, Hanfsamen und Rapsöl. Du kannst diese Lebensmittel zum Beispiel in Smoothies, Salate oder Joghurt einmischen, um deine Omega-3-Zufuhr zu erhöhen.

Warum sind Omega-3-Fettsäuren entzündungshemmend?

Omega-3-Fettsäuren sind aus mehreren Gründen entzündungshemmend. Sie können die Produktion bestimmter Moleküle und Substanzen, die an Entzündungsprozessen beteiligt sind, reduzieren. Insbesondere können Omega-3-Fettsäuren die Produktion von Eicosanoiden, einer Art von Hormonen, die Entzündungen auslösen können, herunterregulieren.

Zudem können Omega-3-Fettsäuren auch die Bildung von entzündungshemmenden Substanzen fördern. Beispielsweise können sie die Produktion von Resolvinen und Protektinen anregen, die dazu beitragen, Entzündungen zu reduzieren und das Immunsystem zu regulieren.

Wie man die Aufnahme von Omega-3-Fettsäuren erhöhen kann

Es gibt verschiedene Möglichkeiten, die Aufnahme von Omega-3-Fettsäuren zu erhöhen. Hier sind einige Tipps, die dir dabei helfen können:

- **Mehr fetten Fisch essen:** Wie bereits erwähnt, sind fette Fischsorten eine hervorragende Quelle für EPA und DHA. Versuche, mindestens zweimal pro Woche fetten Fisch zu essen. Du könntest zum Beispiel Lachs zum Mittagessen und Sardinen zum Abendessen essen.

- **Leinsamen und Chiasamen in deine Ernährung integrieren:** Diese Samen sind reich an ALA und können leicht in Smoothies, Joghurt oder Salate gemischt werden.

- **Walnüsse snacken:** Walnüsse sind nicht nur eine gute Quelle für Omega-3-Fettsäuren, sondern auch für andere gesunde Fette, Proteine und Ballaststoffe. Sie sind ein hervorragender Snack für zwischendurch.

- **Rapsöl zum Kochen verwenden:** Rapsöl ist eine gute pflanzliche Quelle für Omega-3-Fettsäuren und eignet sich gut zum Kochen und Anbraten.

- **Omega-3-Nahrungsergänzungsmittel:** Wenn du Schwierigkeiten hast, genug Omega-3-Fettsäuren aus deiner Ernährung zu bekommen, könntest du ein Nahrungsergänzungsmittel in Betracht ziehen. Dabei sollte beachtet werden, dass Nahrungsergänzungsmittel nicht die vielfältigen Nährstoffe einer ausgewogenen Ernährung ersetzen können. Es ist immer am besten, sich zu bemühen, Nährstoffe zuerst aus der Nahrung zu beziehen.

Antioxidantien

Du hast sicherlich schon von Antioxidantien gehört, aber weißt du, was sie tatsächlich tun? Antioxidantien sind Moleküle, die schädliche freie Radikale in deinem Körper bekämpfen. Freie Radikale sind instabile Moleküle, die ein Elektron zu viel oder zu wenig haben. Sie können Schaden anrichten, indem sie andere Moleküle in deinen Zellen oxidieren, was zu Zellschäden und Entzündungen führen kann.

Antioxidantien haben die Fähigkeit, diese freien Radikale zu neutralisieren und ihren schädlichen Effekt zu minimieren. Sie „spenden" ein Elektron an die freien Radikale, wodurch diese stabilisiert und ihre schädlichen Auswirkungen begrenzt werden. Das macht Antioxidantien zu einer Schlüsselkomponente in der entzündungshemmenden Ernährung.

Typen von Antioxidantien und wo man sie findet

Es gibt viele verschiedene Arten von Antioxidantien, und sie kommen in einer Vielzahl von Lebensmitteln vor. Einige der bekanntesten Antioxidantien sind:

- **Vitamin C:** Dieses Antioxidans ist wasserlöslich und kommt in vielen Obst- und Gemüsesorten vor, darunter Zitrusfrüchte, Beeren, Paprika und grünes Blattgemüse.

- **Vitamin E:** Es ist fettlöslich und findet sich in Nüssen, Samen, Spinat und Brokkoli.

- **Beta-Carotin:** Es ist ebenfalls fettlöslich und findet sich in farbenfrohem Gemüse wie Karotten, Süßkartoffeln und Spinat.

- **Flavonoide:** Diese Gruppe von Antioxidantien findet man in Tee, Rotwein, Zitrusfrüchten, Beeren, Äpfeln und Zwiebeln.

- **Selen:** Dieses Spurenelement, das antioxidative Eigenschaften hat, findet sich in Nüssen, Samen, Fisch und Vollkornprodukten.

Die Wirkung von Antioxidantien auf Entzündungen

Antioxidantien können Entzündungen auf verschiedene Weisen bekämpfen. Einerseits können sie direkte entzündungshemmende Wirkungen haben, indem sie die Produktion von entzündungsfördernden Molekülen im Körper reduzieren. Darüber hinaus können sie auch indirekte entzündungshemmende Wirkungen haben, indem sie oxidative Schäden verhindern, die zu Entzündungen führen können.

Ein Beispiel dafür, wie Antioxidantien dazu beitragen können, oxidativen Stress zu bekämpfen, ist die Situation, die auftritt, wenn es ein Ungleichgewicht zwischen der Produktion von freien Radikalen und der Fähigkeit des Körpers gibt, ihre schädlichen Auswirkungen zu bekämpfen. Oxidativer Stress kann zu Entzündungen und vielen chronischen Krankheiten wie Herzkrankheiten, Diabetes und Krebs führen. Durch die Neutralisierung freier Radikale können Antioxidantien oxidativen Stress reduzieren und somit dazu beitragen, Entzündungen zu bekämpfen.

Tipps, wie man die Aufnahme von Antioxidantien erhöht

- **Eine bunte Auswahl an Obst und Gemüse essen:** Je farbenfroher dein Teller ist, desto mehr verschiedene Antioxidantien nimmst du auf. Versuche, mindestens fünf Portionen Obst und Gemüse pro Tag zu essen, und variiere dabei die Farben.

- **Vollkornprodukte und Nüsse in deine Ernährung aufnehmen:** Vollkornprodukte und Nüsse sind reich an verschiedenen Antioxidantien, darunter Vitamin E und Selen. Ein gesundes Frühstück könnte beispielsweise aus Vollkornhaferflocken mit einigen Nüssen und Samen bestehen.

- **Regelmäßig Tee trinken:** Tee, insbesondere grüner und schwarzer Tee, ist reich an Flavonoiden, einer Gruppe von starken Antioxidantien.

- **Hochwertige pflanzliche Öle verwenden:** Hochwertige pflanzliche Öle, wie Olivenöl nativ extra, sind reich an Vitamin E und anderen Antioxidantien. Verwende sie zum Kochen, Anbraten oder als Dressing für Salate.

- **Auf eine ausgewogene Ernährung achten:** Antioxidantien arbeiten oft synergistisch, das bedeutet, sie verstärken die Wirkung des jeweils anderen. Es ist daher wichtig, eine ausgewogene Ernährung mit einer Vielzahl von Lebensmitteln zu haben, um die verschiedenen Antioxidantien und ihre gesundheitsfördernden Eigenschaften zu nutzen.

Der richtige Umgang mit Antioxidantien

Antioxidantien können eine starke entzündungshemmende Wirkung haben, doch sie sind kein Allheilmittel. Eine übermäßige Aufnahme, insbesondere durch Nahrungsergänzungsmittel, kann unter Umständen sogar schädlich sein. Daher empfehle ich dir, eine ausgewogene, abwechslungsreiche Ernährung anzustreben, um deinen Körper mit den notwendigen Antioxidantien zu versorgen.

Ein weiterer wichtiger Punkt ist, dass die Verbindung zwischen Antioxidantien und Gesundheit komplex ist und von vielen Faktoren abhängt, darunter dein allgemeiner Gesundheitszustand, dein Lebensstil und deine genetische Veranlagung. Antioxidantien sind ein wichtiger Bestandteil einer gesunden Ernährung, aber sie sind nur ein Teil des Puzzles. Es ist genauso wichtig, sich regelmäßig zu bewegen, genug Schlaf zu bekommen und Stress zu managen, um Entzündungen in Schach zu halten.

Chronische Krankheiten

Es gibt eine wachsende Menge an Forschung, die darauf hindeutet, dass Antioxidantien eine wichtige Rolle bei der Prävention und Behandlung von chronischen Krankheiten spielen können. Eine Ernährung reich an Antioxidantien kann helfen, das Risiko für Herzkrankheiten zu reduzieren, indem sie die Oxidation von LDL-Cholesterin (das „schlechte" Cholesterin) verhindert, was zur Atherosklerose beitragen kann. Antioxidantien können auch dazu beitragen, das Risiko für bestimmte Arten von Krebs zu reduzieren, indem sie DNA-Schäden verhindern, die zu Mutationen und Krebswachstum führen können. Auch bei der Vorbeugung und Behandlung von Diabetes können Antioxidantien eine Rolle spielen, indem sie oxidativen Stress reduzieren, der zur Insulinresistenz beitragen kann.

Neben ihrer entzündungshemmenden Wirkung können Antioxidantien auch dazu beitragen, deine Haut gesund zu halten. Oxidativer Stress kann zur vorzeitigen Hautalterung beitragen, indem er Schäden an Kollagen und anderen Strukturen in der Haut verursacht. Antioxidantien können helfen, diese Schäden zu verhindern und die Zeichen des Alterns zu verzögern. Darüber hinaus können sie dazu beitragen, das Risiko für Hautkrebs zu reduzieren, indem sie DNA-Schäden durch UV-Strahlung verhindern.

Lebensmittel, die Entzündungen fördern

Zuckerhaltige Lebensmittel und Getränke

Beim ersten Biss in einen süßen Schokoladenkuchen oder beim ersten Schluck einer eiskalten Limonade mag es schwerfallen, an Entzündungen zu denken. Doch leider versteckt sich in diesen und vielen anderen verlockenden Leckereien ein Bestandteil, der unseren Körper belastet – Zucker. Der weiße, kristalline Stoff hat eine entzündungsfördernde Wirkung und kann somit gesundheitliche Beschwerden verursachen oder bestehende verschlimmern.

Es wurde in Studien nachgewiesen, dass Zucker Entzündungen im Körper fördern kann. Eine hohe Zuckeraufnahme kann den Insulinspiegel in unserem Blut ansteigen lassen, was wiederum Entzündungen begünstigt. Zucker befindet sich dabei nicht nur in offensichtlichen Quellen wie Süßigkeiten oder Softdrinks, sondern versteckt sich auch in verarbeiteten Lebensmitteln, Fertiggerichten und Soßen. Daher gilt es, den Konsum von Zucker und zuckerhaltigen Lebensmitteln zu reduzieren und auf gesündere Alternativen zurückzugreifen. Trinke vor allem Wasser, ungesüßten Tee oder selbstgemachtes Infused Water mit frischen Früchten und Kräutern.

Verarbeitete Lebensmittel

Fast Food, Fertiggerichte und Wurstwaren sind Beispiele für stark verarbeitete Lebensmittel, die einen hohen Anteil an entzündungsfördernden Substanzen enthalten. Dazu zählen Transfette, künstliche Zusatzstoffe und ein hoher Gehalt an Salz, Zucker und ungesunden Fetten. Der Verzehr dieser Produkte kann zu einem Anstieg der Entzündungswerte in unserem Körper führen.

Ich rate dir, frische und unverarbeitete Lebensmittel zu bevorzugen und regelmäßig selbst zu kochen. So hast du immer die volle Kontrolle über die verwendeten

Zutaten und kannst unerwünschte und schädliche Zusätze vermeiden. Verwende frisches Obst und Gemüse, Vollkornprodukte, Hülsenfrüchte, Nüsse und Samen und bereite schmackhafte, nährstoffreiche Mahlzeiten zu, die deinen Körper stärken und Entzündungen entgegenwirken.

Fleisch

Rotes Fleisch und verarbeitetes Fleisch wie Wurst und Schinken können ebenfalls entzündungsfördernde Substanzen enthalten. Hierzu zählen bestimmte Fette und Chemikalien, die während der Verarbeitung hinzugefügt werden. Mehrere Studien konnten einen Zusammenhang zwischen hohem Fleischkonsum und erhöhten Entzündungswerten aufzeigen. Natürlich bedeutet das nicht, dass du auf das gelegentliche Steak oder die Scheibe Schinken verzichten musst. Allerdings sollte Fleisch nicht deine Hauptproteinquelle sein. Stattdessen empfehle ich, vermehrt auf pflanzliche Proteine zurückzugreifen, die du zum Beispiel in Hülsenfrüchten, Nüssen und Samen findest.

Alkohol

Ein Gläschen Wein zum Essen oder ein kühles Bier nach Feierabend – für viele Menschen gehören diese Genussmomente dazu. Doch Alkohol kann, insbesondere in größeren Mengen, Entzündungen im Körper fördern. Alkohol wird in der Leber abgebaut, und dieser Prozess kann Entzündungen auslösen. Es ist daher ratsam, den Alkoholkonsum auf ein gesundes Maß zu beschränken und auf alkoholfreie Alternativen zurückzugreifen.

Weißmehl und Weißmehlprodukte

Auch wenn das frische Baguette vom Bäcker oder die dampfende Portion Pasta unglaublich lecker sein können – sie haben eine Kehrseite. Weißmehl und Weißmehlprodukte können den Blutzuckerspiegel schnell ansteigen lassen und so Entzündungen fördern. Hier ist es hilfreich, auf Vollkornprodukte umzusteigen, die nicht nur reich an Ballaststoffen sind, sondern auch einen langsameren und geringeren Anstieg des Blutzuckerspiegels bewirken.

Milchprodukte

Milch und Milchprodukte können bei manchen Menschen Entzündungen auslösen. Das liegt unter anderem daran, dass sie einen Protein-Typ enthalten, der bei einigen Menschen Entzündungen hervorrufen kann. Es gilt jedoch, individuell zu schauen, ob du Milchprodukte gut verträgst oder nicht. Bei Unverträglichkeit oder

Allergie gibt es zahlreiche pflanzliche Alternativen wie Mandel-, Hafer- oder Sojamilch.

Dies sind nur einige Beispiele für Lebensmittel, die Entzündungen fördern können. Jeder Mensch ist einzigartig und reagiert unterschiedlich auf verschiedene
Lebensmittel. Es ist daher wichtig, auf die Signale deines Körpers zu hören und
eine Ernährung zu wählen, die zu dir und deinen gesundheitlichen Bedürfnissen
passt. Und denke daran: Es geht nicht darum, bestimmte Lebensmittel komplett
zu verbannen, sondern darum, eine ausgewogene und abwechslungsreiche Ernährung zu finden, die deinem Körper guttut.

Mikronährstoffe

Vitamin D

Zu den weniger bekannten, aber dennoch entscheidenden Spielern in deinem
entzündungshemmenden Arsenal gehört Vitamin D. Bevor du dich jetzt fragst, ob
du genug von diesem wertvollen Vitamin zu dir nimmst, möchte ich dir erklären,
warum es so wichtig für dich ist, insbesondere in Bezug auf Entzündungen.

Stell dir Vitamin D als einen Wächter vor, der unaufhörlich die Gesundheit deines
Körpers überwacht. Es wird oft als „Sonnenlichtvitamin" bezeichnet, da unser
Körper es natürlich produziert, wenn die Haut dem Sonnenlicht ausgesetzt ist.
Aber Vitamin D ist mehr als nur ein Produkt der Sonneneinstrahlung. Es spielt eine
zentrale Rolle in zahlreichen biologischen Funktionen, von der Knochengesund-
heit über das Immunsystem bis hin zur Stimmungsregulation. Aber hier liegt der
Fokus auf seiner entzündungshemmenden Eigenschaft.

Wie wirkt Vitamin D entzündungshemmend?

Das faszinierende an Vitamin D ist, dass es sowohl direkt als auch indirekt entzündungshemmend wirkt. Indirekt unterstützt es dein Immunsystem dabei, effekti-
ver zu arbeiten und so Entzündungen besser zu kontrollieren. Direkt wirkt es, indem es bestimmte Zellen und Moleküle in deinem Körper beeinflusst, die an entzündlichen Prozessen beteiligt sind. Und hier kommt der wirklich spannende Teil:
Vitamin D kann helfen, die Produktion von entzündungsfördernden Molekülen,
den sogenannten Zytokinen, zu verringern.

Verschiedene Studien haben gezeigt, dass eine ausreichende Versorgung mit Vitamin D dazu beitragen kann, das Gleichgewicht zwischen pro- und anti-

entzündlichen Zytokinen aufrechtzuerhalten. Eine Überversorgung oder ein Mangel an bestimmten Zytokinen kann das entzündliche Gleichgewicht stören und zu gesundheitlichen Problemen führen.

Wie viel Vitamin D brauchst du?

Nun, da du die Bedeutung von Vitamin D in deinem entzündungshemmenden Arsenal kennst, ist die nächste Frage: Wie viel Vitamin D brauchst du? Die Deutsche Gesellschaft für Ernährung (DGE) empfiehlt für Erwachsene eine tägliche Zufuhr von 20 Mikrogramm Vitamin D, sofern keine körpereigene Bildung durch Sonnenlicht erfolgt. Denke aber daran, dass die Vitamin D-Bildung in der Haut von verschiedenen Faktoren abhängt, wie zum Beispiel der Jahreszeit, der Tageszeit und dem Breitengrad deines Standorts. Deshalb ist es wichtig, deinen Vitamin D-Status regelmäßig überprüfen zu lassen, um sicherzugehen, dass du ausreichend mit diesem essenziellen Vitamin versorgt bist.

Vitamin D aus der Nahrung

Leider gibt es nur wenige Lebensmittel, die von Natur aus reich an Vitamin D sind. Dazu gehören fetter Fisch wie Lachs, Hering und Makrele, sowie Fischleberöle. In geringeren Mengen ist Vitamin D auch in Eiern und einigen Pilzsorten zu finden. Es ist also eine Herausforderung, genug Vitamin D allein über die Ernährung zu bekommen. Zum Glück gibt es heutzutage viele Lebensmittel, die mit Vitamin D angereichert sind, wie zum Beispiel bestimmte Milchprodukte, Säfte und Cerealien.

Vitamin D und Sonnenlicht

Ein wichtiger Aspekt, den ich betonen möchte, ist die Sonnenexposition. Denn die Haut produziert Vitamin D, wenn sie dem Sonnenlicht ausgesetzt ist. Experten empfehlen, Gesicht, Hände und Arme zwei- bis dreimal pro Woche für etwa 15 Minuten der Sonne auszusetzen. Aber Vorsicht: Eine längere ungeschützte Sonnenexposition kann das Risiko für Hautschäden und Hautkrebs erhöhen. Es ist daher wichtig, einen ausgewogenen Ansatz zu finden.

Vitamin D als Nahrungsergänzungsmittel kann eine Option sein, insbesondere für Menschen, die wenig Sonnenlicht ausgesetzt sind, wie zum Beispiel ältere Menschen, Menschen mit dunkler Haut, Menschen, die in nördlichen Breitengraden leben, oder Menschen, die ihre Haut vollständig bedecken, wenn sie draußen sind. Aber bevor du dich für ein Nahrungsergänzungsmittel entscheidest, solltest du mit deinem Arzt sprechen. Er kann dir helfen, die richtige Dosierung zu bestimmen und dich auf mögliche Wechselwirkungen mit anderen Medikamenten hinweisen, die du einnimmst.

Magnesium

Es mag dich überraschen, aber Magnesium ist ein wahrer Held, wenn es um die Hemmung von Entzündungen geht. Tatsächlich, dieses wichtige Mineral, das in vielen Lebensmitteln vorkommt und von deinem Körper für zahlreiche Funktionen benötigt wird, hat auch eine starke entzündungshemmende Wirkung.

Doch bevor ich zu den spezifischen entzündungshemmenden Eigenschaften von Magnesium komme, möchte ich ein wenig Licht auf seine allgemeine Funktion in deinem Körper werfen. Magnesium ist an mehr als 300 biochemischen Reaktionen in deinem Körper beteiligt. Es hilft dabei, Nerven- und Muskelzellen zu unterstützen, reguliert den Blutdruck und unterstützt das Immunsystem, um nur einige seiner Aufgaben zu nennen.

Die entzündungshemmende Wirkung von Magnesium

Doch jetzt zur entscheidenden Frage: Wie wirkt Magnesium entzündungshemmend? Wissenschaftliche Untersuchungen haben gezeigt, dass Magnesium dazu beiträgt, Entzündungen zu reduzieren, indem es die Produktion und Freisetzung von entzündungsfördernden Faktoren im Körper hemmt. Darüber hinaus hat Magnesium eine entscheidende Funktion bei der Aktivität der Immunzellen und kann dabei helfen, übermäßige Entzündungsreaktionen zu begrenzen.

Des Weiteren wurde in Studien festgestellt, dass ein Magnesiummangel mit einem erhöhten Entzündungsstatus in Verbindung steht. Es wurde festgestellt, dass Personen mit niedrigeren Magnesiumspiegeln im Blut höhere Werte von C-reaktivem Protein (CRP) aufweisen, einem Marker für Entzündungen im Körper. Dies legt nahe, dass eine ausreichende Magnesiumzufuhr helfen könnte, Entzündungen im Körper zu reduzieren.

Wie viel Magnesium brauchst du?

Die Deutsche Gesellschaft für Ernährung empfiehlt eine tägliche Magnesiumzufuhr von etwa 300-400 mg für Erwachsene. Aber ich möchte hier betonen, dass deine Bedürfnisse variieren können, abhängig von deinem Alter, Geschlecht, Gesundheitsstatus und anderen individuellen Faktoren. Daher ist es immer eine gute Idee, sich an die Empfehlungen eines Gesundheitsdienstleisters zu halten, wenn es um Nährstoffe wie Magnesium geht.

Magnesiumreiche Lebensmittel

Und wie kannst du sicherstellen, dass du genug Magnesium bekommst? Nun, eine Vielzahl von Lebensmitteln enthält dieses wichtige Mineral. Dazu gehören grünes Blattgemüse wie Spinat und Grünkohl, Nüsse und Samen, Hülsenfrüchte wie Linsen und Kichererbsen, Vollkornprodukte, Avocados und dunkle Schokolade. Ja, du hast richtig gehört: Dunkle Schokolade ist tatsächlich eine gute Quelle für Magnesium (und eine leckere dazu)!

Nahrungsergänzungsmittel

Neben der Nahrungsaufnahme kannst du auch Magnesium-Ergänzungen in Betracht ziehen. Sie sind in verschiedenen Formen erhältlich, wie zum Beispiel Magnesiumoxid, Magnesiumcitrat und Magnesiumglycinat. Jede Form hat ihre eigenen Vor- und Nachteile, und einige können besser absorbiert werden als andere. Daher ist es wichtig, Rücksprache mit einem Arzt oder Apotheker zu halten, bevor du dich für eine Magnesiumergänzung entscheidest.

Zink

Zink ist ein Spurenelement, das in vielen Zellen deines Körpers vorkommt. Es ist an einer Vielzahl von Körperprozessen beteiligt, einschließlich Zellwachstum und -teilung, Heilung von Wunden, und es spielt eine Schlüsselrolle bei der Funktion des Immunsystems. Dein Körper kann Zink nicht selbst herstellen oder speichern, daher musst du es über deine Ernährung aufnehmen.

Immunsystem

Die Beziehung zwischen Zink und dem Immunsystem ist komplex und vielfältig. Zink ist unerlässlich für die Funktion von Leukozyten, den Zellen, die deinen Körper vor Krankheitserregern schützen. Es unterstützt die Produktion und Aktivierung von T-Zellen, einer Art von weißen Blutkörperchen, die eine zentrale Rolle bei der Bekämpfung von Infektionen spielen.

Darüber hinaus wirkt Zink als Antioxidans und entzündungshemmender Mikronährstoff. Es hilft, die Zellen deines Körpers vor Schäden durch freie Radikale zu schützen – instabile Moleküle, die Entzündungen verursachen können. Durch die Reduzierung des oxidativen Stresses und der Entzündung kann Zink dazu beitragen, eine Vielzahl von gesundheitlichen Problemen zu verhindern oder zu mildern, darunter Herzkrankheiten, Krebs und Autoimmunerkrankungen.

Zinkmangel

Ein Mangel an Zink kann schwerwiegende Auswirkungen auf die Gesundheit haben, insbesondere auf das Immunsystem. Einige Anzeichen und Symptome eines Zinkmangels können Hautveränderungen, Appetitlosigkeit, veränderte Wahrnehmung von Geschmack und Geruch und eine erhöhte Anfälligkeit für Infektionen sein. In schweren Fällen kann ein Zinkmangel zu Haarausfall, Durchfall, Impotenz und verzögerter sexueller Reifung führen.

Empfohlene Zufuhr

Die empfohlene tägliche Zinkzufuhr variiert je nach Alter, Geschlecht und Lebensphase. Die Deutsche Gesellschaft für Ernährung empfiehlt eine tägliche Zufuhr von 7-10 mg für erwachsene Frauen und 10-14 mg für erwachsene Männer.

Lebensmittel, die reich an Zink sind

Es gibt viele Lebensmittel, die reich an Zink sind. Fleisch und Schalentiere, insbesondere Austern, sind besonders zinkreich. Andere tierische Produkte wie Eier und Milchprodukte enthalten ebenfalls Zink. Wenn du Vegetarier oder Veganer bist, kannst du Zink auch aus pflanzlichen Quellen wie Vollkornprodukten, Hülsenfrüchten und Nüssen beziehen. Beachte jedoch, dass Zink aus pflanzlichen Lebensmitteln möglicherweise nicht so gut vom Körper aufgenommen wird wie Zink aus tierischen Quellen.

Nahrungsergänzungsmittel

Wenn du Schwierigkeiten hast, genug Zink aus deiner Ernährung zu bekommen, könnten Zinkergänzungsmittel eine Option sein. Es gibt viele verschiedene Formen von Zinkergänzungen, darunter Zinkgluconat, Zinksulfat und Zinkacetat. Jede Form hat ihre eigenen Vor- und Nachteile, und einige werden möglicherweise besser vom Körper absorbiert als andere. Es ist wichtig, dass du vor der Einnahme von Zinkergänzungsmitteln einen Arzt oder Apotheker konsultierst.

Hinweis zu den Rezepten

Du magst dich vielleicht wundern, warum in meinem Kochbuch keine Bilder zu finden sind. Warum ich diese Entscheidung getroffen habe, möchte ich dir gerne erklären.

Zunächst einmal muss ich zugeben, dass ich ein großer Fan von Kochbüchern mit Bildern bin. Sie sind oft verführerisch und laden zum Ausprobieren ein. Aber ich habe festgestellt, dass diese Bilder manchmal auch einschüchternd sein können. Wie oft hast du ein Gericht nachgekocht und es sah nicht annähernd so perfekt aus wie auf dem Bild? Hast du dich da auch schon einmal gefragt, ob du vielleicht etwas falsch gemacht hast? Ich kenne dieses Gefühl nur zu gut. Doch ich bin der Überzeugung, dass das Kochen etwas sehr Persönliches und Kreatives ist. Und genau das wollte ich in meinem Kochbuch hervorheben.

Ich möchte dir mit meinem Buch die Möglichkeit geben, deine eigene Kreativität und Vorstellungskraft beim Kochen zu nutzen. Anstelle von Bildern, die dir zeigen, wie das Ergebnis aussehen soll, gebe ich dir genaue Beschreibungen und Anleitungen, die dir dabei helfen, deine eigenen Meisterwerke zu kreieren. Es geht nicht darum, dass dein Gericht am Ende wie auf einem Hochglanzfoto aussieht, sondern darum, dass es dir und den Menschen, für die du kochst, schmeckt und Freude bereitet.

Kochen ist für mich ein Akt der Kreativität und Liebe. Es ist ein Prozess, bei dem du deine Persönlichkeit, deine Vorlieben und deine Stimmung einfließen lassen kannst. Und genau das möchte ich mit meinem Kochbuch fördern.

Ich hoffe, du genießt meine Rezepte und hast Spaß daran, sie nach deinem eigenen Geschmack anzupassen. Lass dich nicht durch vorgegebene Bilder einschränken, sondern sei mutig, experimentiere und entdecke die Freude am kreativen Kochen.

Frühstücksideen

Goldene Kurkuma-Pfannkuchen

Zubereitungszeit: 10 Minuten + 10 Minuten Ruhezeit + 10 Minuten Backzeit
Portionen: 5 Pfannkuchen

Zutaten:

- 50 g Vollkornmehl
- 1 TL Backpulver
- 1 Prise Salz
- 1 TL gemahlene Kurkuma
- 1 TL gemahlener Zimt
- 200 ml ungesüßte Mandelmilch
- 1 EL Kokosöl, zum Backen
- 1 EL Ahornsirup

Zubereitung:

1. Nimm eine mittelgroße Schüssel und mische Vollkornmehl, Backpulver, Salz, Kurkuma und Zimt zusammen. Achte darauf, dass alle Zutaten gut vermischt sind.

2. Füge nun die Mandelmilch hinzu und rühre die Mischung gut durch, bis ein glatter Teig entsteht.

3. Lass den Teig für etwa 10 Minuten ruhen. Dies hilft, dass die trockenen Zutaten die Flüssigkeit aufnehmen und die Pfannkuchen später schön aufgehen.

4. Erhitze währenddessen das Kokosöl in einer Pfanne auf mittlerer Hitze.

5. Gib jeweils einen kleinen Schöpflöffel Teig in die Pfanne und backe die Pfannkuchen von beiden Seiten goldbraun. Wiederhole diesen Schritt, bis der Teig aufgebraucht ist.

6. Serviere die goldenen Kurkuma-Pfannkuchen heiß und beträufle sie mit Ahornsirup. Guten Appetit!

Himmlischer Avocado-Toast

Zubereitungszeit: 15 Minuten + 5 Minuten Abkühlzeit
Portionen: 1 Person

Zutaten:

- 1 Scheibe Vollkornbrot
- 1 reife Avocado
- 1 TL natives Olivenöl extra
- 1 TL Chiasamen
- Eine Prise Meersalz
- 1 TL frisch gepresster Bio-Zitronensaft
- Eine Prise Cayennepfeffer, optional
- 1 Handvoll frischer Spinat, gewaschen und trocken getupft
- 1 EL gehackte Mandeln, trocken geröstet

Zubereitung:

1. Erhitze deinen Toaster auf mittlerer Stufe und toaste das Vollkornbrot, bis es knusprig ist. Lass das Toastbrot kurz abkühlen.

2. In der Zwischenzeit halbiere die Avocado, entferne den Kern und schabe das Fruchtfleisch mit einem Löffel heraus. Gib das Avocadofleisch in eine Schüssel.

3. Füge das Olivenöl, den Zitronensaft, Chiasamen und eine Prise Meersalz zur Avocado in die Schüssel hinzu. Vermische die Zutaten gut miteinander, bis du eine gleichmäßige, leicht stückige Masse erhältst.

4. Verteile die Avocado-Mischung auf dem abgekühlten Toast. Stelle sicher, dass das ganze Brot bedeckt ist.

5. Garniere den Avocado-Toast mit frischem Spinat und bestreue ihn mit den gerösteten Mandeln. Wenn du magst, kannst du das Ganze noch mit einer Prise Cayennepfeffer würzen.

Omega-3 Müsli mit Walnüssen

Zubereitungszeit: 5 Minuten + 2 Stunden Einweichzeit
Portionen: 1 Person

Zutaten:

- 50 g Vollkorn-Haferflocken, ungekocht
- 120 ml Mandelmilch
- 15 g Walnüsse, gehackt
- 10 g Chia-Samen
- 1 TL Leinsamen, gemahlen
- 1 TL Honig
- Eine Prise Zimt
- 100 g Beeren, frisch (z.B. Erdbeeren, Blaubeeren, Himbeeren)
- 1 EL griechischer Joghurt, optional

Zubereitung:

1. Die Haferflocken, Chia-Samen und Leinsamen in einer Schüssel vermischen.

2. Mandelmilch hinzufügen und gründlich umrühren.

3. Den Honig und die Prise Zimt zugeben und erneut gründlich umrühren.

4. Die Mischung abdecken und über Nacht oder mindestens für zwei Stunden im Kühlschrank einweichen lassen.

5. Nach der Einweichzeit die Mischung aus dem Kühlschrank nehmen und die gehackten Walnüsse unterheben.

6. Mit frischen Beeren nach Wahl belegen und bei Bedarf einen Esslöffel griechischen Joghurt hinzufügen.

Fruchtige Haferflocken mit Beeren

Zubereitungszeit: 5 Minuten + 10 Minuten Einweichzeit
Portionen: 1 Person

Zutaten:

- 50 g Haferflocken
- 250 ml Mandelmilch, ungesüßt
- 1 EL Chiasamen
- 1 TL Honig
- 1 Handvoll gemischte Beeren (zum Beispiel Erdbeeren, Blaubeeren und Himbeeren), gewaschen und geschnitten
- 1 EL gehackte Mandeln, geröstet
- 1/4 TL gemahlener Zimt

Zubereitung:

1. Gib die Haferflocken, die Chiasamen und die Mandelmilch in eine Schüssel und rühre alles gut um. Lass die Mischung dann für mindestens 10 Minuten quellen, bis sie schön cremig ist.

2. In der Zwischenzeit kannst du die Beeren vorbereiten. Wasche sie gründlich und schneide sie in mundgerechte Stücke.

3. Nach der Quellzeit der Hafermischung rührst du den Honig unter und vermischst alles gut.

4. Jetzt geht es ans Anrichten: Gib die Hafermischung in eine Schüssel und verteile die geschnittenen Beeren und die gerösteten Mandeln darüber. Zum Schluss streust du noch etwas Zimt darüber - fertig ist dein Frühstück!

Frischer Mango-Chia-Pudding

Zubereitungszeit: 15 Minuten + 2 Stunden zum Ruhen
Portionen: 1 Person

Zutaten:

- 200 ml Mandelmilch, ungesüßt
- 30 g Chia-Samen
- 1 reife Mango, geschält und ge-würfelt
- 1 TL Honig, optional
- 1 TL frischer Bio-Zitronensaft
- Eine Prise Salz
- Frische Minzblätter zum Garnieren

Zubereitung:

1. Die Mandelmilch in eine Schüssel geben. Die Chia-Samen einrühren und gut vermischen, bis sie vollständig mit der Mandelmilch bedeckt sind. Eine Prise Salz hinzufügen.

2. Die Schüssel abdecken und für mindestens 2 Stunden oder über Nacht in den Kühlschrank stellen. Die Chia-Samen werden die Flüssigkeit aufnehmen und eine gelartige Konsistenz annehmen.

3. Während die Chia-Mischung ruht, die Mango vorbereiten. Die Mango schälen, entkernen und in kleine Würfel schneiden.

4. Nach dem Ruhen den Chia-Pudding aus dem Kühlschrank nehmen und gut umrühren. Falls der Pudding zu dick ist, etwas mehr Mandelmilch hinzufügen und umrühren.

5. Den Honig und den frischen Zitronensaft zum Pudding hinzufügen und gut vermischen. Wenn du keinen Honig hinzufügen möchtest, kannst du diesen Schritt überspringen.

6. Den Chia-Pudding in eine Schale oder ein Glas geben. Mit den gewürfelten Mangos garnieren und ein paar frische Minzblätter darauf legen. Sofort servieren oder bis zum Verzehr im Kühlschrank aufbewahren.

Apfel-Zimt Quinoa-Porridge

Zubereitungszeit: 5 Minuten + 15 Minuten Kochzeit
Portionen: 1 Person

Zutaten:

- 60 g Quinoa, abgespült und abgetropft
- 250 ml Mandelmilch
- 1 kleiner Apfel, gewaschen und
  in dünne Scheiben geschnitten
- 1 EL Chiasamen
- 1/2 TL Zimt
- 1 EL Ahornsirup
- Eine Prise Salz
- 10 g Walnüsse, gehackt
- 1 EL frische Beeren, optional

Zubereitung:

1. Gib Quinoa und Mandelmilch in einen kleinen Topf. Erhitze die Mischung bei mittlerer Hitze bis zum Kochen.

2. Sobald die Mischung kocht, reduziere die Hitze auf ein Minimum und lass es 15 Minuten lang köcheln, bis die Quinoa weich ist und die meiste Flüssigkeit absorbiert hat.

3. Während die Quinoa kocht, schneide den Apfel in dünne Scheiben. Du kannst den Apfel auch grob hacken, wenn du kleinere Stücke bevorzugst.

4. Nachdem die Quinoa gekocht hat, füge den Apfel, Chiasamen, Zimt, Ahornsirup und eine Prise Salz hinzu. Rühre gut um, bis alles gleichmäßig gemischt ist.

5. Lass das Porridge weitere 2-3 Minuten köcheln, bis der Apfel weich ist.

6. Schalte den Herd aus und lasse das Porridge ein paar Minuten abkühlen.

7. Während das Porridge abkühlt, hacke die Walnüsse.

8. Verteile das Porridge in eine Schale, garniere mit gehackten Walnüssen und optional mit frischen Beeren.

9. Genieße dein warmes, nahrhaftes und entzündungshemmendes Frühstück!

Bananen-Mandel-Overnight Oats

Zubereitungszeit: 10 Minuten + mindestens 6 Stunden Ruhezeit im Kühlschrank
Portionen: 1 Person

Zutaten:

- 60 g Haferflocken, zart
- 1 reife Banane, in Scheiben geschnitten
- 20 g Mandeln, grob gehackt und geröstet
- 150 ml Mandelmilch, ungesüßt
- 1 TL Chiasamen
- 1 TL Honig, optional
- 1 Prise Zimt
- Ein paar frische Beeren zur Garnierung

Zubereitung:

1. Nimm eine Schüssel und gib die Haferflocken hinein.

2. Füge die Mandelmilch, Chiasamen und den Zimt hinzu und rühre alles gut durch.

3. Hacke die Mandeln grob und röste sie kurz in einer Pfanne ohne Öl, bis sie leicht braun werden und angenehm duften. Achte darauf, dass sie nicht anbrennen. Lass die Mandeln abkühlen.

4. Schneide die Banane in Scheiben und lege die Hälfte davon auf die Haferflockenmischung in der Schüssel.

5. Gib die gerösteten Mandeln und den Honig darüber. Wenn du es lieber weniger süß magst, kannst du den Honig auch weglassen.

6. Lege die restlichen Bananenscheiben obendrauf und schließe die Schüssel mit einem Deckel oder Frischhaltefolie ab.

7. Stelle die Schüssel für mindestens 6 Stunden, am besten über Nacht, in den Kühlschrank.

8. Am nächsten Morgen rührst du die Overnight Oats noch einmal gut durch und garnierst sie mit ein paar frischen Beeren.

Buchweizen-Pancakes mit Beeren

Zubereitungszeit: 10 Minuten + 20 Minuten Kochzeit
Portionen: 5 Pancakes

Zutaten:

- 70 g Buchweizenmehl
- 1 Bio-Ei (Größe M), aufgeschlagen
- 100 ml ungesüßte Mandelmilch
- 1/2 TL Backpulver
- 1 TL Kokosöl, geschmolzen
- Eine Prise Salz
- 125 g gemischte Beeren (Erdbeeren, Blaubeeren, Himbeeren), gewaschen
- 1 EL Ahornsirup, optional zum Garnieren

Zubereitung:

1. In einer Schüssel das Buchweizenmehl, Backpulver und Salz miteinander vermischen.

2. In einer zweiten Schüssel das aufgeschlagene Ei und die Mandelmilch gut verquirlen.

3. Die trockenen Zutaten zu den feuchten Zutaten geben und alles gut miteinander vermischen, bis ein glatter Teig entsteht.

4. Eine Pfanne mit dem Kokosöl erhitzen. Sobald das Öl heiß ist, jeweils eine kleine Kelle Teig in die Pfanne geben und bei mittlerer Hitze braten, bis die Unterseite goldbraun ist, etwa 2-3 Minuten. Den Pancake dann vorsichtig wenden und die andere Seite ebenfalls goldbraun braten. Den Vorgang mit dem restlichen Teig wiederholen.

5. Die Pancakes auf einen Teller geben und die Beeren darauf verteilen. Wer möchte, kann die Pancakes noch mit etwas Ahornsirup beträufeln.

Proteinreicher Quark mit Leinsamen

Zubereitungszeit: 10 Minuten + 2 Stunden Ruhezeit im Kühlschrank
Portionen: 1 Person

Zutaten:

- 200 g Magerquark, kühl
- 2 EL Leinsamen, ganz
- 1 EL Chiasamen
- 100 ml Mandelmilch, ungesüßt
- 1/2 reife Banane, in Scheiben geschnitten
- 1 EL Honig, flüssig
- 1 EL Beeren, frisch oder gefroren (Himbeeren, Blaubeeren, Erdbeeren)

Zubereitung:

1. Nimm eine mittelgroße Schüssel zur Hand. Gib den Magerquark, die Leinsamen und die Chiasamen hinein.

2. Gieße die Mandelmilch langsam darüber und rühre alles gut um, bis die Mischung gleichmäßig ist.

3. Lass die Mischung für etwa 5 Minuten stehen, damit die Samen aufquellen können und das Ganze eine puddingähnliche Konsistenz annimmt.

4. Während die Quarkmischung steht, schneide die halbe Banane in dünne Scheiben.

5. Nachdem die Quarkmischung etwas aufgequollen ist, rühre den Honig hinein.

6. Füge die Bananenscheiben hinzu und rühre erneut um, bis alles gut vermischt ist.

7. Bedecke die Schüssel mit einem Deckel oder Frischhaltefolie und stelle sie für mindestens 2 Stunden oder über Nacht in den Kühlschrank.

8. Wenn du bereit bist zu essen, nimm die Schüssel aus dem Kühlschrank und gib die Beeren obendrauf.

9. Genieße dieses proteinreiche, sättigende und leckere Frühstück!

Kürbiskernbrot mit Avocado

Zubereitungszeit: 10 Minuten + 20 Minuten Ruhezeit
Portionen: 1 Person

Zutaten:

- 70 g Vollkornbrot (am besten ein dunkles Brot)
- 1 EL Kürbiskerne, geröstet
- 1 reife Avocado, halbiert und entkernt
- 1 EL Bio-Zitronensaft, frisch gepresst
- Eine Prise Salz und Pfeffer
- 1 TL Leinöl
- Eine Handvoll frische Kresse
- 1 TL Honig

Zubereitung:

1. Beginne mit der Avocado. Entferne den Kern und löffele das Fruchtfleisch heraus. Gib das Avocadofruchtfleisch in eine kleine Schüssel und zerdrücke es mit einer Gabel zu einer cremigen Masse.

2. Füge den frisch gepressten Zitronensaft, Salz und Pfeffer hinzu und vermische alles gut. Lass die Avocadocreme etwa 20 Minuten ruhen, damit sich die Aromen verbinden können.

3. In der Zwischenzeit röste die Kürbiskerne in einer kleinen Pfanne ohne Öl bis sie anfangen zu duften. Dann nimm sie vom Herd und lass sie abkühlen.

4. Nimm nun dein Brot und tröpfle das Leinöl darüber. Lege es in den Ofen bei 180 Grad und röste es leicht an, bis es knusprig ist.

5. Nach der Röstzeit nimm das Brot aus dem Ofen und lasse es ein wenig abkühlen. Streiche dann die Avocadocreme großzügig auf das geröstete Brot.

6. Bestreue dein Avocado-Brot mit den gerösteten Kürbiskernen und garniere es mit frischer Kresse. Zum Abschluss gebe einen Teelöffel Honig darüber, um dem Ganzen eine leichte Süße zu verleihen.

Suppen

Grüne Erbsen-Minz-Suppe

Zubereitungszeit: 10 Minuten + 20 Minuten Kochzeit
Portionen: 1 Person

Zutaten:

- 150 g gefrorene grüne Erbsen
- 1 EL natives Olivenöl extra
- 1 kleine Zwiebel, fein gehackt
- 1 kleine Karotte, gewürfelt
- 1 kleine Selleriestange, gewürfelt
- 500 ml Gemüsebrühe, natriumarm
- Ein kleines Bündel frische Minze, fein gehackt
- Salz und Pfeffer nach Geschmack
- 1 EL Bio-Zitronensaft
- 1 EL natives Olivenöl extra zum Garnieren
- Einige Minzblätter zum Garnieren

Zubereitung:

1. Erhitze das Olivenöl in einem mittelgroßen Topf über mittlerer Hitze. Füge die Zwiebel, Karotte und Sellerie hinzu und dünste sie, bis sie weich sind, etwa 5 Minuten.

2. Füge die grünen Erbsen und die Gemüsebrühe hinzu. Bring die Mischung zum Kochen und reduziere dann die Hitze, um sie 15 Minuten lang köcheln zu lassen.

3. Nachdem die Erbsen weich sind, füge die gehackte Minze, Salz und Pfeffer hinzu. Lass die Suppe weitere 2 Minuten köcheln.

4. Nimm den Topf vom Herd und püriere die Suppe mit einem Stabmixer bis zur gewünschten Konsistenz.

5. Rühre den Zitronensaft unter und schmecke ab, ob noch Salz oder Pfeffer benötigt wird.

6. Serviere die Suppe heiß, garniert mit einem Spritzer Olivenöl, einigen Minzblättern und eventuell einer Scheibe Zitronen.

Wohltuende Hühnersuppe

Zubereitungszeit: 15 Minuten + 30 Minuten Kochzeit
Portionen: 1 Person

Zutaten:

- 150 g Hühnerbrust, in mundgerechte Stücke geschnitten
- 500 ml Hühnerbrühe
- 1 mittelgroße Karotte, gewürfelt
- 1 Stange Sellerie, gewürfelt
- 1 kleine Zwiebel, fein gehackt
- 1 TL frischer Ingwer, gerieben
- 2 EL natives Olivenöl extra
- 1/2 TL Kurkuma
- Salz und Pfeffer nach Geschmack
- Eine Handvoll frischer Petersilie, gehackt

Zubereitung:

1. Erhitze das Olivenöl in einem mittelgroßen Topf über mittlerer Hitze. Füge die gehackte Zwiebel hinzu und brate sie an, bis sie weich und durchsichtig wird.

2. Gib das Hühnchen in den Topf und brate es an, bis es auf allen Seiten weiß wird.

3. Füge die Karotten und den Sellerie hinzu und brate sie weitere 2-3 Minuten mit dem Hühnchen und den Zwiebeln.

4. Nun gibst du den geriebenen Ingwer und die Kurkuma in den Topf und rührst alles gut durch. Lasse die Gewürze eine Minute lang mit den anderen Zutaten köcheln, um ihre Aromen freizusetzen.

5. Gieße die Hühnerbrühe über das Gemüse und das Hühnchen im Topf. Würze mit Salz und Pfeffer und lass die Suppe zum Kochen bringen.

6. Sobald die Suppe kocht, reduzierst du die Hitze auf niedrig und lässt sie 30 Minuten lang köcheln.

7. Zum Schluss gibst du die gehackte Petersilie in die Suppe und rührst sie ein. Lasse die Suppe noch ein paar Minuten ziehen, damit die Petersilie ihr Aroma abgeben kann.

8. Deine wohltuende Hühnersuppe ist jetzt fertig zum Genießen!

Mediterrane Linsensuppe

Zubereitungszeit: 10 Minuten + 20 Minuten Kochen
Portionen: 1 Person

Zutaten:

- 50 g grüne Linsen, gewaschen und abgetropft
- 1 kleine Karotte, gewürfelt
- 1/2 Zwiebel, gewürfelt
- 2 EL natives Olivenöl extra
- 1/2 TL Kreuzkümmel
- 1/4 TL Kurkuma
- 1/4 TL Paprikapulver, edelsüß
- 500 ml Gemüsebrühe, natriumarm
- 1 kleine Tomate, gewürfelt
- 1 EL frisch gehackte Petersilie
- Salz und Pfeffer nach Geschmack

Zubereitung:

1. Erhitze das Olivenöl in einem Topf bei mittlerer Hitze. Füge die gewürfelte Zwiebel und Karotte hinzu und brate sie an, bis sie weich und leicht gebräunt sind.

2. Gib nun die Linsen, Kreuzkümmel, Kurkuma und Paprikapulver in den Topf. Rühre alles gut um, sodass die Linsen und das Gemüse mit den Gewürzen bedeckt sind.

3. Füge die Gemüsebrühe hinzu und bringe die Suppe zum Kochen. Reduziere die Hitze und lasse sie 15 Minuten köcheln.

4. Nach 15 Minuten füge die gewürfelte Tomate hinzu und lasse die Suppe weitere 5 Minuten köcheln.

5. Probiere die Suppe und füge nach Belieben Salz und Pfeffer hinzu. Vor dem Servieren rühre die frisch gehackte Petersilie unter.

6. Genieße deine selbstgemachte, wärmende und gesunde mediterrane Linsensuppe!

Scharfe Rote-Bete-Suppe

Zubereitungszeit: 10 Minuten + Kochzeit: 30 Minuten
Portionen: 1 Person

Zutaten:

- 200 g Rote Bete, gewaschen und gewürfelt
- 1 kleine Karotte, gewaschen und gewürfelt
- 1 kleine Zwiebel, geschält und gewürfelt
- 1 Knoblauchzehe, geschält und gehackt
- 500 ml Gemüsebrühe, natriumarm
- 1 EL natives Olivenöl extra
- 1 TL Chilipulver
- 1 TL Kurkuma
- Salz und Pfeffer nach Geschmack
- Ein paar frische Petersilienblätter zum Garnieren

Zubereitung:

1. Erhitze das Olivenöl in einem mittelgroßen Topf über mittlerer Hitze. Füge die Zwiebel und den Knoblauch hinzu und dünste sie, bis sie weich und duftend sind.

2. Gib die Rote Bete und die Karotte in den Topf. Rühre gut um, damit das Gemüse mit dem Öl überzogen ist.

3. Streue das Chilipulver und die Kurkuma über das Gemüse. Rühre erneut um, um das Gewürz gleichmäßig zu verteilen.

4. Gieße die Gemüsebrühe in den Topf und bringe die Mischung zum Kochen. Reduziere dann die Hitze und lasse die Suppe 30 Minuten köcheln, bis das Gemüse weich ist.

5. Püriere die Suppe mit einem Stabmixer oder in einem Standmixer bis sie glatt ist. Gib Salz und Pfeffer nach Geschmack hinzu.

6. Gieße die Suppe in eine Schüssel, garniere sie mit frischer Petersilie und genieße deine wärmende, entzündungshemmende Mahlzeit.

Cremige Brokkoli-Suppe

Zubereitungszeit: 10 Minuten + 20 Minuten Kochzeit
Portionen: 1 Person

Zutaten:

- 200 g Brokkoli, gewaschen und in Röschen geteilt
- 1 kleine Zwiebel, geschält und gewürfelt
- 1 kleines Stück Ingwer, etwa 10 g, geschält und fein gehackt
- 1 EL natives Olivenöl extra
- 500 ml Gemüsebrühe, natrium-arm
- 1 TL Kurkuma
- Salz und Pfeffer nach Geschmack
- 50 ml Kokosmilch, zum Verfeinern
- Einige frische Minzblätter, gewaschen, für die Dekoration

Zubereitung:

1. Erhitze das Olivenöl in einem mittelgroßen Topf und gib die gewürfelte Zwiebel hinein. Dünste sie, bis sie weich und glasig ist.

2. Füge den gehackten Ingwer hinzu und brate ihn kurz mit der Zwiebel an.

3. Nun kommen die Brokkoli-Röschen dazu. Brate sie ein paar Minuten mit, bis sie anfangen, ihre Farbe zu intensivieren.

4. Gib die Gemüsebrühe, den Kurkuma, das Salz und den Pfeffer in den Topf. Rühre alles gut durch und bringe die Suppe zum Kochen. Lass sie dann etwa 15 Minuten köcheln, bis der Brokkoli weich ist.

5. Püriere die Suppe mit einem Stabmixer oder in einem Standmixer bis sie cremig ist. Gib dann die Kokosmilch hinzu und rühre nochmals gut durch.

6. Schmecke die Suppe ab und füge gegebenenfalls noch Salz und Pfeffer hinzu.

7. Serviere die Suppe heiß und garniere sie mit den frischen Minzblättern. Genieße deine selbstgemachte cremige Brokkoli-Suppe!

Wärmende Kürbissuppe mit Kokosmilch

Zubereitungszeit: 10 Minuten + 20 Minuten Kochzeit
Portionen: 1 Person

Zutaten:

- 200 g Hokkaido-Kürbis, entkernt und in Würfel geschnitten
- 1 kleine Zwiebel, gewürfelt
- 1 kleine Karotte, gewürfelt
- 1 EL natives Olivenöl extra
- 1 TL Kurkuma
- 1 TL Ingwer, frisch gerieben
- 250 ml Gemüsebrühe, natriumarm
- 100 ml Kokosmilch
- Salz und Pfeffer zum Abschmecken
- Ein paar frische Korianderblätter für die Garnierung

Zubereitung:

1. Erhitze das Olivenöl in einem mittelgroßen Topf über mittlerer Hitze. Gib die Zwiebeln hinzu und dünste sie, bis sie weich sind und anfangen zu bräunen.

2. Füge die Kürbis- und Karottenwürfel hinzu. Brate sie etwa 5 Minuten an, bis sie leicht gebräunt und weicher geworden sind.

3. Gib den frisch geriebenen Ingwer und Kurkuma dazu. Rühre alles gut um, damit die Gewürze das Gemüse gleichmäßig bedecken.

4. Gieße die Gemüsebrühe in den Topf und bringe die Mischung zum Kochen. Reduziere die Hitze und lass die Suppe 15 Minuten köcheln, bis das Gemüse weich ist.

5. Füge die Kokosmilch hinzu und püriere die Suppe mit einem Stabmixer, bis sie glatt ist. Schmecke mit Salz und Pfeffer ab.

6. Serviere die Suppe heiß, garniert mit einigen frischen Korianderblättern.

Tomaten-Basilikum-Suppe

Zubereitungszeit: 10 Minuten + 20 Minuten Kochzeit
Portionen: 1 Person

Zutaten:

- 400 g reife Tomaten, gewaschen und geviertelt
- 1 große rote Zwiebel, geschält und grob gehackt
- 2 Knoblauchzehen, geschält und grob gehackt
- 1 Karotte, geschält und in Scheiben geschnitten
- 1 EL natives Olivenöl extra
- 1 TL getrockneter Oregano
- Salz und frisch gemahlener schwarzer Pfeffer nach Geschmack
- 300 ml Gemüsebrühe, natriumarm
- 1 Handvoll frischer Basilikum, grob gehackt
- 1 EL Bio-Zitronensaft
- 2 EL Mandelmilch

Zubereitung:

1. Erhitze das Olivenöl in einem mittelgroßen Topf. Füge die Zwiebel, den Knoblauch und die Karotte hinzu. Schwitze alles bei mittlerer Hitze etwa 5 Minuten an, bis das Gemüse weich ist.

2. Füge die geviertelten Tomaten und den Oregano hinzu. Würze mit Salz und Pfeffer. Lass alles weitere 5 Minuten köcheln, bis die Tomaten weich sind.

3. Gib die Gemüsebrühe hinzu und lass die Suppe 10 Minuten bei mittlerer Hitze köcheln.

4. Nehme den Topf vom Herd. Füge den gehackten Basilikum und den Zitronensaft hinzu. Püriere die Suppe mit einem Stabmixer, bis sie glatt ist.

5. Stelle den Topf zurück auf den Herd. Rühre die Mandelmilch ein und erhitze die Suppe noch einmal auf kleiner Flamme.

6. Überprüfe die Würze und füge bei Bedarf noch Salz, Pfeffer oder Zitronensaft hinzu.

7. Serviere die Suppe heiß. Garniere mit ein paar frischen Basilikumblättern, wenn du magst.

Selleriesuppe mit Apfel

Zubereitungszeit: 10 Minuten + 20 Minuten Kochzeit
Portionen: 1 Person

Zutaten:

- 150 g Sellerie, gewürfelt
- 1 kleiner Apfel, entkernt und gewürfelt
- 1 kleine Zwiebel, gewürfelt
- 1 EL natives Olivenöl extra
- 200 ml Gemüsebrühe, natriumarm
- 100 ml Kokosmilch
- Salz und Pfeffer nach Geschmack
- 1 TL frischer Thymian, fein gehackt
- 1 TL frischer Ingwer, gerieben

Zubereitung:

1. In einem mittelgroßen Topf das Olivenöl erhitzen. Zwiebel, Sellerie und Apfel hinzufügen und für etwa 5 Minuten anbraten, bis sie weich sind.

2. Gemüsebrühe, Kokosmilch und den frischen Ingwer hinzufügen. Alles zum Kochen bringen und dann die Hitze reduzieren. 15 Minuten lang köcheln lassen.

3. Sobald der Sellerie und der Apfel weich sind, die Suppe vom Herd nehmen und mit einem Pürierstab glatt pürieren. Wenn die Suppe zu dick ist, füge etwas mehr Brühe oder Wasser hinzu.

4. Mit Salz, Pfeffer und Thymian abschmecken. Gut umrühren und servieren.

Feurige Thai-Curry-Suppe

Zubereitungszeit: 10 Minuten + 20 Minuten Kochzeit
Portionen: 1 Person

Zutaten:

- 60 g Hühnerbrust, in dünnen Streifen
- 1 kleiner roter Paprika, in Streifen geschnitten
- 1 Karotte, in dünne Scheiben geschnitten
- 50 g Shiitake-Pilze, gehackt
- 20 g frischer Ingwer, fein gehackt
- 1 kleine rote Chili, fein geschnitten
- 1 EL Kokosöl
- 1 EL rote Thai-Currypaste
- 500 ml Hühnerbrühe
- 200 ml Kokosmilch
- Saft von 1/2 Bio-Limette
- 1 EL Sojasauce, natriumarm
- 1 Handvoll frischer Koriander, gehackt

Zubereitung:

1. Erhitze das Kokosöl in einer tiefen Pfanne oder einem Suppentopf über mittlerer Hitze.

2. Füge das Hühnchen hinzu und brate es, bis es durchgegart und goldbraun ist. Nimm das Hühnchen aus der Pfanne und lege es beiseite.

3. Füge nun den Ingwer, die rote Chili und die rote Thai-Currypaste in die Pfanne. Lass es 2 Minuten köcheln und rühre ständig um, bis die Aromen freigesetzt sind.

4. Gib jetzt die Paprika, Karotten und Shiitake-Pilze hinzu. Koche diese etwa 5 Minuten, bis sie weich sind.

5. Füge nun die Hühnerbrühe und die Kokosmilch hinzu. Lass die Suppe 10 Minuten köcheln, um die Aromen zu verbinden.

6. Gib das gebratene Hühnchen, den Limettensaft und die Sojasauce hinzu. Lass es weitere 2 Minuten köcheln.

7. Prüfe den Geschmack und füge nach Bedarf mehr Limettensaft oder Sojasauce hinzu.

8. Verteile die Suppe in eine Schüssel und bestreue sie mit dem frischen Koriander.

Pikanter Kichererbsen-Eintopf

Zubereitungszeit: 15 Minuten + 20 Minuten Kochzeit
Portionen: 1 Person

Zutaten:

- 100 g Kichererbsen, eingeweicht und abgespült
- 1 kleine Zwiebel, gewürfelt
- 1 kleine Karotte, in Scheiben geschnitten
- 2 kleine Tomaten, gewürfelt
- 2 EL natives Olivenöl extra
- 1 TL Kurkuma
- 1 TL Kreuzkümmel
- 1 TL Chilipulver
- 500 ml Gemüsebrühe, natriumarm
- 1 EL frisch gehackter Koriander
- Salz und Pfeffer nach Geschmack

Zubereitung:

1. Erhitze das Olivenöl in einem mittelgroßen Topf. Füge die gewürfelte Zwiebel hinzu und dünste sie, bis sie glasig sind.

2. Gib die geschnittenen Karotten und die Kichererbsen in den Topf. Rühre um, damit sie gleichmäßig mit dem Olivenöl bedeckt sind und lasse sie für etwa 5 Minuten köcheln.

3. Nun gibst du die Tomaten hinzu. Rühre sie unter und lass das Ganze weitere 2 Minuten kochen.

4. Streue nun die Gewürze - Kurkuma, Kreuzkümmel und Chilipulver - über das Gemüse. Rühre gut um, damit alle Zutaten gut gewürzt sind.

5. Jetzt gießt du die Gemüsebrühe hinzu. Rühre nochmals gut um und bringe den Eintopf zum Kochen. Sobald er kocht, reduzierst du die Hitze und lässt ihn 15 Minuten lang köcheln.

6. Nach 15 Minuten probiere den Eintopf. Wenn die Kichererbsen weich sind und der Eintopf die gewünschte Konsistenz hat, ist er fertig. Du kannst jetzt Salz und Pfeffer hinzufügen, um den Geschmack abzurunden.

7. Streue vor dem Servieren den frisch gehackten Koriander über den Eintopf. Genieße deinen Kichererbsen-Eintopf!

Salate

Quinoa-Salat mit Avocado und Limette

Zubereitungszeit: 5 Minuten + 15 Minuten Kochzeit
Portionen: 1 Person

Zutaten:

- 50 g Quinoa, unverarbeitet
- 1 kleine reife Avocado, geschält und gewürfelt
- Saft und Schale von 1 frischen Bio-Limette
- 1 kleiner roter Paprika, gewürfelt
- 50 g Kirschtomaten, halbiert
- 1 EL natives Olivenöl extra
- Salz und Pfeffer nach Geschmack
- 1 kleine rote Zwiebel, fein gewürfelt
- 2 EL frischer Koriander, gehackt
- 1 EL Sonnenblumenkerne, geröstet

Zubereitung:

1. Gib zuerst den Quinoa in einen Topf und bedecke ihn mit 150 ml Wasser. Lass das Ganze aufkochen und reduziere dann die Hitze. Lass den Quinoa 15 Minuten lang köcheln, bis er gar ist und das Wasser absorbiert hat.

2. Während der Quinoa kocht, bereite die restlichen Zutaten vor. Schäle die Avocado, entkerne sie und würfle das Fruchtfleisch. Schneide auch den Paprika und die Kirschtomaten in kleine Stücke und würfle die Zwiebel.

3. Röste die Sonnenblumenkerne in einer trockenen Pfanne bis sie leicht braun sind und ein nussiges Aroma freisetzen. Lass sie danach abkühlen.

4. Nachdem der Quinoa gekocht hat, lass ihn ein paar Minuten abkühlen. Dann gib ihn in eine große Schüssel.

5. Gib nun die Avocado, den Paprika, die Kirschtomaten, die rote Zwiebel, den gehackten Koriander und die gerösteten Sonnenblumenkerne dazu.

6. Reibe die Schale der Limette ab und presse den Saft aus. Gib beides zusammen mit dem Olivenöl über den Salat. Würze mit Salz und Pfeffer und vermische alles gut miteinander.

7. Dein Quinoa-Salat ist nun fertig zum Genießen!

Griechischer Salat mit Olivenöl-Dressing

Zubereitungszeit: 15 Minuten + 5 Minuten Ruhezeit
Portionen: 1 Person

Zutaten:

- 1 kleine Gurke, gewaschen und in Würfel geschnitten
- 2 mittelgroße Tomaten, gewaschen und in Würfel geschnitten
- 1 kleine rote Zwiebel, fein gehackt
- 50 g Feta-Käse, in Würfel geschnitten
- 50 g entsteinte Kalamata-Oliven, halbiert
- Frischer Oregano, fein gehackt
- Salz und Pfeffer nach Geschmack
- **Für das Olivenöl-Dressing:**
- 2 EL natives Olivenöl extra
- 1 EL Rotweinessig
- 1 TL frisch gepresster Bio-Zitronensaft
- Salz und Pfeffer nach Geschmack

Zubereitung:

1. Nimm eine große Schüssel und gib die gewürfelten Gurken, Tomaten, gehackte Zwiebel, Feta-Würfel und halbierten Oliven hinein.

2. Füge nun den gehackten Oregano hinzu und würze das Ganze mit Salz und Pfeffer.

3. Für das Dressing: In einer kleinen Schüssel das Olivenöl, den Rotweinessig und den Zitronensaft vermischen. Mit Salz und Pfeffer abschmecken.

4. Gieße das Dressing über den Salat und mische alles gut durch.

5. Lass den Salat für etwa 5 Minuten ruhen, damit sich die Aromen vermischen können.

6. Genieße deinen griechischen Salat!

Spinat-Salat mit Blaubeeren und Mandeln

Zubereitungszeit: 15 Minuten + 10 Minuten Ruhezeit
Portionen: 1 Person

Zutaten:

- 2 Handvoll frischer Spinat, gewaschen und grob gehackt
- 50 g Blaubeeren, gewaschen
- 30 g Mandeln, roh und ganz
- 1 kleine rote Zwiebel, dünn geschnitten
- 1 TL Senf, mittelscharf
- 2 EL natives Olivenöl extra
- 1 EL Apfelessig
- Salz und Pfeffer nach Geschmack
- 30 g Ziegenkäse, zerkrümelt

Zubereitung:

1. Röste die Mandeln in einer trockenen Pfanne auf mittlerer Hitze. Rühre sie ab und zu um, bis sie goldbraun und duftend sind. Dies sollte etwa 5 Minuten dauern. Lass sie danach abkühlen.

2. In einer Salatschüssel vermischt du den frischen Spinat, die Blaubeeren und die dünn geschnittene rote Zwiebel.

3. Für das Dressing mischst du in einer kleinen Schüssel den Senf, das Olivenöl und den Apfelessig. Schmecke mit Salz und Pfeffer ab.

4. Gib das Dressing über den Salat und vermische alles gründlich. Lass den Salat für etwa 10 Minuten ruhen, damit der Spinat das Dressing aufnehmen kann.

5. Zum Servieren bestreust du den Salat mit den gerösteten Mandeln und dem zerkrümelten Ziegenkäse.

Linsensalat mit Rucola und Feta

Zubereitungszeit: 10 Minuten + 20 Minuten zum Abkühlen der Linsen
Portionen: 1 Person

Zutaten:

- 60 g grüne Linsen, trocken und ungewaschen
- 200 ml Wasser
- Eine kleine Prise Salz
- 30 g Rucola, frisch und gewaschen
- 50 g Feta-Käse, zerbröselt
- 8-10 Kirschtomaten, halbiert
- ½ rote Zwiebel, dünn geschnitten
- 1 EL natives Olivenöl extra
- 1 EL Bio-Zitronensaft, frisch gepresst
- Eine Prise Schwarzer Pfeffer

Zubereitung:

1. Gib die Linsen in einen Topf und füge das Wasser und eine Prise Salz hinzu. Bring es zum Kochen und lass es bei mittlerer Hitze 20 Minuten köcheln, bis die Linsen weich sind. Achte darauf, dass das Wasser nicht vollständig verdunstet. Füge bei Bedarf mehr Wasser hinzu.

2. Nach dem Kochen lass die Linsen abkühlen.

3. Während die Linsen abkühlen, bereite den Rest des Salats zu. Lege den gewaschenen Rucola auf einen Teller.

4. Verteile die halbierten Kirschtomaten, die dünn geschnittene rote Zwiebel und den zerbröselten Feta-Käse auf dem Rucola.

5. Wenn die Linsen abgekühlt sind, verteile sie über den Salat.

6. Mische in einer kleinen Schüssel das Olivenöl und den frisch gepressten Zitronensaft. Gieße die Mischung über den Salat und würze mit einer Prise schwarzen Pfeffers.

7. Nun ist dein Linsensalat fertig zum Genießen.

Wassermelonen-Feta-Salat

Zubereitungszeit: 10 Minuten + 5 Minuten Abkühlzeit
Portionen: 1 Person

Zutaten:

- 200 g Wassermelone, gewürfelt
- 50 g Feta-Käse, zerkrümelt
- 10 g frische Minzblätter, grob gehackt
- 1 EL frisch gepresster Bio-Zitronensaft
- 1 EL natives Olivenöl extra
- Salz und Pfeffer nach Geschmack

Zubereitung:

1. Die Wassermelone in Würfel schneiden und in eine große Schüssel geben.

2. Den Feta-Käse zerkrümeln und zusammen mit den grob gehackten Minzblättern zur Wassermelone geben.

3. In einer kleinen Schüssel Zitronensaft und Olivenöl verquirlen. Mit Salz und Pfeffer abschmecken.

4. Das Dressing über den Salat gießen und vorsichtig vermischen, damit alle Zutaten gut bedeckt sind.

5. Den Salat für etwa 5 Minuten im Kühlschrank abkühlen lassen, um die Aromen zu verstärken.

6. Serviere den Salat direkt aus dem Kühlschrank. Guten Appetit!

Kichererbsensalat mit Granatapfel

Zubereitungszeit: 15 Minuten + 30 Minuten zum Ziehen lassen
Portionen: 1 Person

Zutaten:

- 60 g Kichererbsen, bereits gekocht oder aus der Dose
- 1/2 kleiner Granatapfel
- 1 Handvoll frischer Rucola
- 30 g Feta
- 1 EL natives Olivenöl extra
- 1 TL Bio-Zitronensaft
- Salz und Pfeffer nach Geschmack
- 1 TL Honig
- 1 kleine rote Zwiebel

Zubereitung:

1. Die Kichererbsen abtropfen lassen, falls du sie aus der Dose benutzt. Den Granatapfel entkernen und die Kerne beiseite stellen.

2. Die rote Zwiebel fein hacken und den Rucola waschen. Den Feta in kleine Würfel schneiden.

3. Für das Dressing Olivenöl, Zitronensaft, Salz, Pfeffer und Honig in einer kleinen Schüssel vermengen.

4. Kichererbsen, Granatapfelkerne, gehackte Zwiebel, Rucola und Feta in einer größeren Schüssel vermischen. Das Dressing darüber geben und alles gut durchmischen.

5. Den Salat 30 Minuten ziehen lassen, damit sich die Aromen verbinden können.

Süßkartoffelsalat mit Honig-Senf-Dressing

Zubereitungszeit: 10 Minuten + 25 Minuten Backzeit
Portionen: 1 Person

Zutaten:

- 1 mittelgroße Süßkartoffel, geschält und in Würfel geschnitten
- 1 EL natives Olivenöl extra
- Salz und Pfeffer nach Geschmack
- 50 g Rucola, gewaschen und getrocknet
- 30 g Walnüsse, grob gehackt
- 30 g Feta-Käse, gewürfelt
- **Für das Dressing:**
- 1 EL Honig
- 1 EL Dijon-Senf
- 2 EL natives Olivenöl extra
- 1 EL Apfelessig
- Salz und Pfeffer nach Geschmack

Zubereitung:

1. Den Ofen auf 200 Grad vorheizen. Die Süßkartoffelwürfel in einer Schüssel mit Olivenöl, Salz und Pfeffer mischen. Auf ein Backblech legen und für 25 Minuten backen, oder bis sie goldbraun und weich sind. Aus dem Ofen nehmen und abkühlen lassen.

2. Während die Süßkartoffeln backen, das Dressing zubereiten. Honig, Dijon-Senf, Olivenöl und Apfelessig in einer kleinen Schüssel vermischen. Mit Salz und Pfeffer abschmecken.

3. Den Rucola in eine große Schüssel geben. Die abgekühlten Süßkartoffelwürfel, Walnüsse und Feta-Käse hinzufügen.

4. Das Honig-Senf-Dressing über den Salat träufeln und alles vorsichtig vermengen, bis die Zutaten gleichmäßig mit dem Dressing bedeckt sind.

5. Den Salat sofort servieren und genießen.

Avocado-Mango-Salat

Zubereitungszeit: 10 Minuten + 5 Minuten Ruhezeit
Portionen: 1 Person

Zutaten:

- 1 reife Mango, geschält und in Würfel geschnitten
- 1 reife Avocado, halbiert, entkernt und in Würfel geschnitten
- 1 kleine rote Zwiebel, fein gewürfelt
- Eine Handvoll frischer Koriander, grob gehackt
- 2 EL natives Olivenöl extra
- 1 EL frisch gepresster Bio-Limettensaft
- Eine Prise Salz
- Eine Prise frisch gemahlener schwarzer Pfeffer
- 1 EL gehackte rote Chili (optional, für zusätzliche Schärfe)

Zubereitung:

1. Gib die Mango-, Avocado-Würfel und die fein gewürfelte rote Zwiebel in eine Schüssel.

2. Füge den grob gehackten Koriander hinzu.

3. In einer separaten kleinen Schüssel mische das Olivenöl und den frisch gepressten Limettensaft, um dein Dressing zu kreieren.

4. Gieße das Dressing über den Salat in der Schüssel und mische alles vorsichtig, um sicherzustellen, dass alle Zutaten gut miteinander vermischt sind.

5. Würze den Salat mit einer Prise Salz und frisch gemahlenem schwarzem Pfeffer nach Geschmack. Wenn du es etwas schärfer magst, füge auch die gehackte rote Chili hinzu.

6. Lass den Salat etwa 5 Minuten ruhen, damit die Aromen sich miteinander verbinden können.

Bulgursalat mit Kirschtomaten

Zubereitungszeit: 20 Minuten + 10 Minuten Ruhezeit
Portionen: 1 Person

Zutaten:

- 75 g Bulgur, ungekocht
- 150 ml Wasser
- 1 Prise Salz
- 10 Kirschtomaten, gewaschen und halbiert
- 1/2 rote Zwiebel, fein gewürfelt
- 1 kleine rote Paprika, gewaschen und in Würfel geschnitten
- 1 TL natives Olivenöl extra
- 1 EL Bio-Zitronensaft
- 1 TL Senf
- 1 Handvoll frische Petersilie, gewaschen und gehackt
- Pfeffer zum Abschmecken

Zubereitung:

1. In einem kleinen Topf das Wasser zum Kochen bringen. Salz hinzufügen und den Bulgur einrühren. Deckel auflegen und die Hitze reduzieren. Den Bulgur etwa 10 Minuten quellen lassen, bis das Wasser vollständig aufgenommen ist. Anschließend vom Herd nehmen und 10 Minuten abgedeckt ruhen lassen.

2. Während der Bulgur quillt, die Kirschtomaten halbieren, die Zwiebel und die Paprika würfeln.

3. Für das Dressing das Olivenöl, Zitronensaft und Senf in einer kleinen Schüssel vermengen. Mit Salz und Pfeffer abschmecken.

4. Den gequollenen Bulgur in eine Schüssel geben und das Dressing darüber gießen. Gut durchmischen, damit sich die Aromen verbinden.

5. Nun die vorbereiteten Kirschtomaten, Zwiebelwürfel und Paprika zum Bulgur hinzufügen und alles gut vermischen.

6. Zuletzt die gehackte Petersilie unterheben und nach Bedarf mit Salz und Pfeffer nachwürzen.

7. Den Salat für einige Minuten ziehen lassen, bevor du ihn genießt. Guten Appetit!

Brokkoli-Salat mit Sesamdressing

Zubereitungszeit: 15 Minuten + 10 Minuten für das Abkühlen des Brokkolis
Portionen: 1 Person

Zutaten:

- 200 g Brokkoli, in Röschen geschnitten und gewaschen
- 50 g rote Paprika, entkernt und in dünne Streifen geschnitten
- 1 Frühlingszwiebel, in feine Ringe geschnitten
- 20 g Sesamsamen, geröstet

- **Für das Dressing:**
- 1 EL geröstetes Sesamöl
- 1 EL Sojasauce, natriumarm
- 1 EL Apfelessig
- 1 TL Honig
- 1 kleine rote Chili, entkernt und fein gehackt

Zubereitung:

1. Bring einen kleinen Topf Wasser zum Kochen und gib den Brokkoli hinein. Koche den Brokkoli für etwa 3 Minuten, bis er leuchtend grün und noch bissfest ist. Gieß das Wasser ab und lass den Brokkoli unter kaltem Wasser abkühlen, um den Garprozess zu stoppen.

2. Während der Brokkoli abkühlt, rühre in einer kleinen Schüssel das Sesamöl, die Sojasauce, den Apfelessig, den Honig und die gehackte Chili zusammen, um das Dressing zu erstellen. Stelle das Dressing beiseite.

3. Sobald der Brokkoli abgekühlt ist, mische ihn in einer großen Schüssel mit den Paprikastreifen und den Frühlingszwiebeln.

4. Gieß das Dressing über den Salat und vermische alles gut, damit alle Zutaten gleichmäßig mit dem Dressing bedeckt sind. Bestreue den Salat mit den gerösteten Sesamsamen.

5. Lass den Salat vor dem Servieren ein paar Minuten ziehen, damit die Aromen sich vermischen können. Guten Appetit!

Vegetarische Hauptgerichte

Mediterrane Gemüsepfanne

Zubereitungszeit: 10 Minuten + 15 Minuten Kochzeit
Portionen: 1 Person

Zutaten:

- 100 g rote Paprika, in Würfel geschnitten
- 100 g Zucchini, in Würfel geschnitten
- 80 g Aubergine, in Würfel geschnitten
- 1 kleine rote Zwiebel, fein gehackt
- 2 EL natives Olivenöl extra
- 1 TL getrockneter Oregano
- 1 TL getrockneter Basilikum
- 50 g Kirschtomaten, halbiert
- 1 EL frischer Bio-Zitronensaft
- Salz und schwarzer Pfeffer nach Geschmack
- 2 EL frisch gehackte Petersilie

Zubereitung:

1. Erhitze das Olivenöl in einer großen Pfanne über mittlerer Hitze.

2. Füge die Zwiebel hinzu und dünste sie für etwa 2 Minuten, bis sie weich wird.

3. Gib die Paprika, Zucchini und Aubergine in die Pfanne. Brate sie für etwa 5-7 Minuten, bis sie weich und leicht gebräunt sind.

4. Streue den Oregano und Basilikum über das Gemüse und rühre gut um, so dass alle Zutaten mit den Kräutern bedeckt sind.

5. Füge die halbierten Kirschtomaten und den Zitronensaft hinzu und koche das Ganze für weitere 2-3 Minuten.

6. Schmecke mit Salz und Pfeffer ab und bestreue das Gemüse mit der frisch gehackten Petersilie.

7. Nimm die Pfanne vom Herd und serviere deine mediterrane Gemüsepfanne heiß.

Spinat-Linsen-Curry

Zubereitungszeit: 10 Minuten + 20 Minuten Kochzeit
Portionen: 1 Person

Zutaten:

- 75 g grüne Linsen, gewaschen und abgetropft
- 200 g frischer Spinat, grob gehackt
- 1 kleine Zwiebel, fein gehackt
- 2 EL natives Olivenöl extra
- 1 TL Kurkuma
- 1 TL gemahlener Kreuzkümmel
- 1 TL gemahlener Koriander
- 1 kleine rote Chili, fein gehackt
- 1 Knoblauchzehe, fein gehackt
- 200 ml Kokosmilch
- Salz und Pfeffer zum Abschmecken
- 1 TL Bio-Limettensaft, frisch gepresst
- Ein paar frische Korianderblätter für die Garnierung

Zubereitung:

1. Erhitze das Olivenöl in einem Topf bei mittlerer Hitze. Füge die Zwiebel, den Knoblauch und die rote Chili hinzu und dünste alles, bis die Zwiebeln weich und transparent sind.

2. Gib nun Kurkuma, Kreuzkümmel und gemahlenen Koriander dazu. Rühre alles gut um, sodass die Gewürze ihre Aromen entfalten können.

3. Jetzt kommen die Linsen dazu. Rühre sie gut unter die Gewürzmischung, sodass sie komplett mit dem Gewürzöl bedeckt sind.

4. Gieße die Kokosmilch dazu und lass die Mischung aufkochen. Reduziere die Hitze und lass das Curry 20 Minuten lang köcheln, bis die Linsen weich sind.

5. Füge den grob gehackten Spinat hinzu und lass ihn in der Mischung welken. Schmecke dein Curry mit Salz, Pfeffer und Limettensaft ab.

6. Serviere das Curry in einer Schüssel, garniert mit einigen frischen Korianderblättern.

Überbackene Auberginen mit Quinoa-Füllung

Zubereitungszeit: 15 Minuten + 30 Minuten Backzeit
Portionen: 1 Person

Zutaten:

- 1 mittelgroße Aubergine
- 50 g Quinoa
- 150 ml Gemüsebrühe, natrium-arm
- 1 kleine Zwiebel, fein gehackt
- 1 kleine Karotte, gewürfelt
- 1 EL natives Olivenöl extra
- 1 TL Kreuzkümmel, gemahlen
- 1/2 TL Paprikapulver, süß und geräuchert
- Salz und Pfeffer nach Geschmack
- 40 g Feta, zerbröselt
- 1 EL Petersilie, fein gehackt

Zubereitung:

1. Den Ofen auf 180 Grad vorheizen. Die Aubergine längs halbieren und das Innere mit einem Löffel herauskratzen, dabei einen Rand von etwa 1 cm lassen. Die Auberginenhälften mit etwas Olivenöl bestreichen und auf ein mit Backpapier ausgelegtes Backblech legen.

2. Die Quinoa nach Packungsanleitung in der Gemüsebrühe kochen.

3. In einer Pfanne das Olivenöl erhitzen und die Zwiebel und Karotte darin anbraten, bis sie weich sind. Kreuzkümmel und Paprikapulver hinzufügen und alles gut vermischen.

4. Die gekochte Quinoa und das herausgekratzte Auberginenfleisch in die Pfanne geben und alles gut vermischen. Mit Salz und Pfeffer abschmecken.

5. Die Quinoa-Mischung gleichmäßig in die Auberginenhälften füllen. Den zerbröselten Feta darüberstreuen.

6. Die gefüllten Auberginen 30 Minuten im Ofen backen, oder bis der Feta leicht gebräunt und die Aubergine weich ist.

7. Die überbackenen Auberginen aus dem Ofen nehmen und vor dem Servieren mit der gehackten Petersilie bestreuen.

Rote-Linsen-Pasta mit Spinatsauce

Zubereitungszeit: 15 Minuten + 10 Minuten Kochen
Portionen: 1 Person

Zutaten:

- 70 g rote Linsen Pasta, unge-kocht
- 1 TL natives Olivenöl extra
- 1 kleine Zwiebel, fein gewürfelt
- 1 kleine Knoblauchzehe, fein gehackt
- 200 g frischer Spinat, gewa-schen und grob gehackt
- 150 ml Gemüsebrühe, natrium-arm
- 60 ml Sojamilch, ungesüßt
- 1 EL Hefeflocken
- Salz und Pfeffer nach Ge-schmack
- Eine Prise Muskatnuss
- 1 TL Bio-Zitronensaft

Zubereitung:

1. Setze einen Topf mit Salzwasser auf und bringe das Wasser zum Kochen. Gib die rote Linsen Pasta hinein und koche sie nach Packungsanleitung. Achte darauf, dass sie al dente bleibt.

2. Während die Pasta kocht, erhitze das Olivenöl in einer Pfanne. Füge die Zwiebel und den Knoblauch hinzu und dünste sie, bis sie weich und goldbraun sind.

3. Füge den Spinat hinzu und dünste weiter, bis er welk ist. Gib die Gemüsebrühe hinzu und lasse das Ganze etwa 5 Minuten köcheln.

4. Füge nun die Sojamilch, Hefeflocken, Salz, Pfeffer und Muskatnuss hinzu. Lasse die Sauce weitere 2-3 Minuten köcheln und schmecke sie mit Zitronensaft ab.

5. Gieße die Pasta ab und hebe sie unter die Spinatsauce. Vermische alles gut, sodass die Pasta gleichmäßig mit der Sauce bedeckt ist.

6. Serviere deine rote Linsen Pasta sofort, garniert mit ein paar frischen Spinatblättern, falls du möchtest. Guten Appetit!

Veggie-Burger mit Süßkartoffelpommes

Zubereitungszeit: 30 Minuten + 20 Minuten Backzeit
Portionen: 1 Person

Zutaten:

- 1 mittelgroße Süßkartoffel, gewaschen und in Pommes geschnitten
- 1 EL natives Olivenöl extra
- Salz und Pfeffer nach Geschmack
- 100 g Quinoa, gekocht
- 50 g schwarze Bohnen, abgetropft und abgespült
- 1 EL gehackte rote Zwiebel
- 1 TL Kreuzkümmel
- 1/2 TL geräuchertes Paprika
- 1 Vollkornbrötchen
- Gemischte Blattsalate und Tomatenscheiben zur Garnierung
- 1 EL Hummus

Zubereitung:

1. Heize den Backofen auf 200 Grad vor. Vermische die Süßkartoffelpommes mit Olivenöl, Salz und Pfeffer und verteile sie auf einem Backblech. Backe sie 20 Minuten, bis sie knusprig und goldbraun sind.

2. Während die Pommes im Ofen sind, vermische in einer Schüssel Quinoa, schwarze Bohnen, rote Zwiebel, Kreuzkümmel und geräuchertes Paprika. Knete die Mischung gut durch, bis eine bindende Konsistenz entsteht. Forme daraus eine Burger-Patty.

3. Erhitze eine Pfanne auf mittlerer Stufe und brate die Patty auf beiden Seiten etwa 5 Minuten an, bis sie gebräunt und durchgegart ist.

4. Schneide das Vollkornbrötchen auf und verteile den Hummus auf beiden Hälften. Lege die Burger-Patty darauf, garniere mit Salat und Tomatenscheiben.

5. Serviere den Veggie-Burger mit den knusprigen Süßkartoffelpommes. Guten Appetit!

Bunte Buddha-Bowl

Zubereitungszeit: 15 Minuten + 5 Minuten Ruhezeit
Portionen: 1 Person

Zutaten:

- 60 g Quinoa, unverarbeitet
- 180 ml Wasser
- Eine Prise Salz
- Eine Handvoll frischer Spinat, gewaschen
- Eine halbe rote Paprika, gewürfelt
- Eine kleine Karotte, geraspelt
- 50 g Rotkohl, fein geschnitten
- 70 g Kichererbsen, abgetropft und abgespült
- 1 EL natives Olivenöl extra
- 1 TL Kurkuma
- 1 TL gemahlener Kreuzkümmel
- Salz und Pfeffer nach Geschmack
- Eine Handvoll frischer Koriander, gewaschen und gehackt
- Eine halbe Avocado, in Scheiben geschnitten

Zubereitung:

1. Gib das Wasser, Quinoa und eine Prise Salz in einen Topf und bringe es zum Kochen. Sobald es kocht, reduziere die Hitze auf niedrig und lasse es abgedeckt 15 Minuten köcheln, bis das Wasser vollständig absorbiert ist. Dann vom Herd nehmen und 5 Minuten ruhen lassen.

2. Während das Quinoa kocht, erhitze das Olivenöl in einer Pfanne. Füge die Kichererbsen, Kurkuma und Kreuzkümmel hinzu. Brate sie unter Rühren an, bis sie goldbraun und knusprig sind. Würze mit Salz und Pfeffer nach Geschmack.

3. Bereite deine Bowl vor. Lege den frischen Spinat als Basis in die Schale. Füge das gekochte Quinoa, die gewürfelte Paprika, die geraspelte Karotte und den fein geschnittenen Rotkohl hinzu.

4. Verteile die gewürzten Kichererbsen über die Bowl und garniere sie mit den Avocadoscheiben und gehacktem Koriander.

Kürbisrisotto mit Salbei

Zubereitungszeit: 10 Minuten + 25 Minuten Kochzeit
Portionen: 1 Person

Zutaten:

- 80 g Risottoreis, ungekocht
- 200 g Hokkaidokürbis, gewürfelt
- 1 Schalotte, gewürfelt
- 1 EL natives Olivenöl extra
- 350 ml Gemüsebrühe, natriumarm
- 2 frische Salbeiblätter, gehackt
- Salz und Pfeffer nach Geschmack
- 20 g Parmesan, gerieben
- 1 TL Bio-Zitronensaft

Zubereitung:

1. Erhitze das Olivenöl in einer tiefen Pfanne auf mittlerer Stufe.

2. Füge die Schalotte hinzu und dünste sie an, bis sie glasig ist.

3. Füge den gewürfelten Kürbis hinzu und brate ihn etwa 5 Minuten an, bis er leicht gebräunt ist.

4. Füge nun den Risottoreis hinzu und rühre alles gut um, sodass der Reis vom Öl überzogen ist.

5. Gieße nun unter ständigem Rühren nach und nach die Gemüsebrühe hinzu. Warte jeweils, bis die Flüssigkeit fast vollständig absorbiert ist, bevor du die nächste Portion Brühe hinzufügst.

6. Nach etwa 20 Minuten sollte der Reis weich, aber noch bissfest sein. Füge den gehackten Salbei, Salz, Pfeffer und den Zitronensaft hinzu und rühre gut um.

7. Nimm die Pfanne vom Herd, füge den geriebenen Parmesan hinzu und rühre das Risotto noch einmal gut um, bis der Käse vollständig geschmolzen ist.

Zucchini-Spaghetti mit Tomaten-Basilikum-Sauce

Zubereitungszeit: 10 Minuten + 15 Minuten Kochzeit
Portionen: 1 Person

Zutaten:

- 1 mittelgroße Zucchini, in Spaghetti-Form geschnitten
- 200 g Kirschtomaten, halbiert
- 1 EL natives Olivenöl extra
- 1 TL Meersalz
- 1 TL Pfeffer
- 2 Knoblauchzehen, gehackt
- 1 Bund Basilikum, Blätter abgezupft und grob gehackt
- 30 g Parmesan, gerieben
- 100 ml Gemüsebrühe, natriumarm
- 1 EL Bio-Zitronensaft

Zubereitung:

1. Erhitze das Olivenöl in einer Pfanne über mittlerer Hitze.
2. Füge den Knoblauch hinzu und brate ihn leicht an, bis er duftet. Sei vorsichtig, dass er nicht verbrennt.
3. Gib die halbierten Kirschtomaten dazu und brate sie, bis sie weich sind und Saft abgeben.
4. Füge die Gemüsebrühe und den Zitronensaft hinzu und lasse alles für etwa 5 Minuten köcheln.
5. Während die Sauce köchelt, bereite die Zucchini vor. Schneide sie mit einem Spiralschneider in Spaghetti-Form.
6. Füge die Zucchini-Spaghetti zur Sauce in die Pfanne und koche sie etwa 2-3 Minuten mit, bis sie erwärmt sind. Rühre dabei vorsichtig, um die Zucchini nicht zu zerdrücken.
7. Schalte die Hitze ab und gib das Basilikum und den geriebenen Parmesan hinzu. Mit Meersalz und Pfeffer abschmecken.
8. Verrühre alles gut, bis der Parmesan geschmolzen ist und sich mit der Sauce vermischt hat.

Auberginen-Curry mit Kokosmilch

Zubereitungszeit: 10 Minuten + 20 Minuten Kochen
Portionen: 1 Person

Zutaten:

- 1 kleine Aubergine, gewaschen und in Würfel geschnitten
- 200 ml Kokosmilch
- 1 EL natives Olivenöl extra
- 1/2 rote Zwiebel, geschält und fein gehackt
- 1 kleine Karotte, geschält und in Scheiben geschnitten
- 1 kleine rote Paprika, gewaschen und in Streifen geschnitten
- 1 TL Currypulver
- 1 TL Kurkuma
- Salz nach Geschmack
- Frischer Koriander zum Garnieren, gewaschen und gehackt

Zubereitung:

1. Erhitze das Olivenöl in einer mittelgroßen Pfanne über mittlerer Hitze. Füge die gehackte Zwiebel hinzu und brate sie an, bis sie weich und leicht golden ist.

2. Füge die Auberginenwürfel, Karottenscheiben und Paprikastreifen in die Pfanne hinzu. Brate das Gemüse etwa 5 Minuten an, bis es weich ist.

3. Bestreue das Gemüse mit Currypulver und Kurkuma, vermische alles gut, damit die Gewürze das Gemüse gleichmäßig bedecken.

4. Füge die Kokosmilch hinzu, rühre gut um und lasse das Curry auf niedriger Hitze 15 Minuten köcheln.

5. Prüfe, ob das Gemüse weich genug ist und schmecke das Curry mit Salz ab.

6. Nimm die Pfanne vom Herd, bestreue das Curry mit dem gehackten Koriander und serviere es heiß.

Wokgemüse mit Tofu und Sesam

Zubereitungszeit: 10 Minuten + 20 Minuten Kochen
Portionen: 1 Person

Zutaten:

- 100 g fester Tofu, in Würfel geschnitten
- 1 EL Rapsöl
- 1 kleine Karotte, geschält und in dünne Scheiben geschnitten
- 1 kleine rote Paprika, entkernt und in Streifen geschnitten
- 1 kleine Zucchini, Enden entfernt und halbiert
- 50 g Brokkoli, in Röschen geteilt
- 2 Frühlingszwiebeln, in Ringe geschnitten
- 1 EL Sesamöl
- 2 TL Sojasauce, natriumarm
- 1 TL frisch geriebener Ingwer
- 1 EL Sesamsamen

Zubereitung:

1. Erhitze das Rapsöl in einem Wok oder einer tiefen Pfanne auf mittlerer Stufe. Füge den Tofu hinzu und brate ihn rundherum goldbraun. Nimm den Tofu aus dem Wok und stelle ihn beiseite.

2. Gib die Karotten, Paprika, Zucchini und Brokkoli in den Wok und brate das Gemüse unter Rühren 5-7 Minuten, bis es knusprig und hell ist.

3. Füge die Frühlingszwiebeln, das Sesamöl, die Sojasauce und den Ingwer hinzu. Rühre alles gut durch und koche es für weitere 2-3 Minuten.

4. Gib den gebratenen Tofu zurück in den Wok, rühre um, damit alles gut vermischt ist und heize noch 1-2 Minuten weiter.

5. Streue vor dem Servieren die Sesamsamen über das Wokgemüse. Guten Appetit!

Snacks

Avocado-Hummus mit Karottensticks

Zubereitungszeit: 10 Minuten + 5 Minuten Ruhezeit
Portionen: 1 Person

Zutaten:

- 1 reife Avocado, halbiert und entkernt
- 60 g Kichererbsen, abgetropft und abgespült
- 1 EL natives Olivenöl extra
- 1 TL Tahini (Sesampaste)
- Saft von 1/2 Bio-Zitrone
- 1 kleine Knoblauchzehe, fein gehackt
- Salz und Pfeffer nach Geschmack
- 2 Karotten, geschält und in Sticks geschnitten

Zubereitung:

1. Löffle das Fruchtfleisch der Avocado aus und gib es in eine Küchenmaschine oder einen leistungsstarken Mixer.

2. Füge die Kichererbsen, das Olivenöl, Tahini, Zitronensaft und Knoblauch hinzu. Würze mit Salz und Pfeffer.

3. Mixe alles auf hoher Stufe, bis eine glatte und cremige Paste entsteht. Falls nötig, kannst du ein wenig Wasser hinzufügen, um die gewünschte Konsistenz zu erreichen.

4. Lass den Hummus für etwa 5 Minuten ruhen. In dieser Zeit kann er seine Aromen entfalten.

5. Serviere den Avocado-Hummus. Genieße diesen gesunden und leckeren Snack!

Gebackene Süßkartoffelchips

Zubereitungszeit: 15 Minuten + 30 Minuten Backzeit
Portionen: Eine Schüssel voller Chips

Zutaten:

- 1 mittelgroße Süßkartoffel, dünn geschnitten (ca. 200 g)
- 2 EL natives Olivenöl extra
- 1 TL Paprikapulver, edelsüß
- 1 TL Kreuzkümmel, gemahlen
- Salz und Pfeffer nach Geschmack
- 1/2 TL Kurkuma, gemahlen
- 1 EL frischer Rosmarin, gehackt

Zubereitung:

1. Heize zuerst deinen Ofen auf 180 Grad vor. Lege ein Backblech mit Backpapier aus.

2. Wasche die Süßkartoffel gründlich und schneide sie in dünne Scheiben. Du brauchst keinen Schäler, die Schale gibt einen schönen Crunch.

3. Vermische in einer großen Schüssel das Olivenöl, Paprikapulver, Kreuzkümmel, Salz, Pfeffer und Kurkuma.

4. Gib die Süßkartoffelscheiben dazu und vermische alles gut, sodass jede Scheibe mit der Gewürzmischung bedeckt ist.

5. Lege die gewürzten Süßkartoffelscheiben auf das vorbereitete Backblech und streue den gehackten Rosmarin darüber.

6. Backe die Chips im Ofen für etwa 25-30 Minuten oder bis sie knusprig sind. Wende sie nach der Hälfte der Backzeit.

7. Nimm das Backblech aus dem Ofen und lass die Chips ein paar Minuten abkühlen, bevor du sie genießt!

Gemüsesticks mit Joghurt-Dip

Zubereitungszeit: 15 Minuten + 5 Minuten Ruhezeit
Portionen: 1 Person

Zutaten:

- 1 Karotte, geschält und in Sticks geschnitten
- 1 Gurke, gewaschen und in Sticks geschnitten
- 1 rote Paprika, entkernt und in Sticks geschnitten
- 150 g Naturjoghurt
- 2 EL fein gehackte frische Minze
- 1 TL natives Olivenöl extra
- Saft einer halben Bio-Zitrone
- Salz und schwarzer Pfeffer nach Geschmack

Zubereitung:

1. Bereite zuerst das Gemüse vor. Schäle die Karotte und schneide sie in Sticks. Wasche die Gurke und schneide sie ebenfalls in Sticks. Entkerne die rote Paprika und schneide sie in Sticks. Stelle das Gemüse beiseite.

2. Für den Joghurt-Dip mische den Naturjoghurt, Olivenöl, Zitronensaft und die gehackte Minze in einer kleinen Schüssel.

3. Würze den Dip mit Salz und Pfeffer nach Geschmack. Rühre alles gut um und lasse den Dip dann für etwa 5 Minuten ruhen, damit die Aromen sich verbinden können.

4. Serviere die Gemüsesticks mit dem Joghurt-Dip. Genieße diesen gesunden und leckeren Snack sofort.

Mandel-Energiebällchen

Zubereitungszeit: 10 Minuten + 20 Minuten Kühlzeit
Portionen: 12 Energiebällchen

Zutaten:

- 80 g Mandeln, grob gehackt
- 50 g getrocknete Datteln, ent-kernt und klein geschnitten
- 1 EL Leinsamen
- 1 EL Chia-Samen
- 1 EL Kokosöl, geschmolzen
- 1 EL Honig
- 2 TL Zimt
- 1 Prise Salz

Zubereitung:

1. Lege zuerst die getrockneten Datteln in eine kleine Schüssel und bedecke sie mit warmem Wasser. Lass sie etwa 10 Minuten einweichen, um sie weicher zu machen.

2. Während die Datteln einweichen, nimm eine andere Schüssel und mische die Mandeln, Leinsamen und Chia-Samen zusammen.

3. Gieße das Wasser von den Datteln ab und füge sie zu der Mandelmischung hinzu. Füge auch das Kokosöl, den Honig, Zimt und Salz hinzu.

4. Verwende nun einen Stabmixer oder eine Küchenmaschine, um alle Zutaten zu einer klebrigen Masse zu verarbeiten.

5. Forme die Masse mit sauberen Händen zu kleinen Bällchen. Du solltest aus der Masse etwa 12 Energiebällchen formen können.

6. Lege die Energiebällchen auf ein Backblech, das mit Backpapier ausgelegt ist, und stelle sie für etwa 20 Minuten in den Kühlschrank, damit sie fest werden.

7. Nach der Kühlzeit kannst du die Mandel-Energiebällchen genießen. Sie können im Kühlschrank aufbewahrt und innerhalb einer Woche verzehrt werden.

Quinoa-Cracker mit Guacamole

Zubereitungszeit: 15 Minuten + 20 Minuten Backzeit
Portionen: 15 Cracker

Zutaten:

- 100 g Quinoa, vorgekocht und abgekühlt
- 1 EL natives Olivenöl extra
- 1 Prise Salz
- 1 reife Avocado, gehäutet und entkernt
- 1 TL Bio-Zitronensaft, frisch gepresst
- 1 kleine rote Zwiebel, fein gewürfelt
- 1 kleine Tomate, entkernt und fein gewürfelt
- 1 kleine Chilischote, entkernt und fein gehackt
- Salz und Pfeffer zum Abschmecken

Zubereitung:

1. Heize deinen Backofen auf 180 Grad vor.

2. In einer Schüssel mischst du die vorgekochte Quinoa mit dem Olivenöl und einer Prise Salz.

3. Lege ein Backblech mit Backpapier aus und verteile die Quinoa-Mischung darauf, drücke sie fest, bis sie eine gleichmäßige Schicht bildet.

4. Backe die Quinoa-Mischung für 20 Minuten oder bis sie knusprig und goldbraun ist. Lass sie danach auf dem Blech abkühlen.

5. Während die Quinoa-Cracker abkühlen, bereitest du die Guacamole vor. Zerdrücke die Avocado in einer Schüssel, füge den Zitronensaft, die gewürfelte Zwiebel, die Tomate und die gehackte Chilischote hinzu und vermische alles gut. Schmecke die Guacamole mit Salz und Pfeffer ab.

6. Nachdem die Quinoa-Cracker abgekühlt sind, brichst du sie in mundgerechte Stücke.

7. Serviere die Quinoa-Cracker mit der Guacamole und genieße deinen gesunden, leckeren Snack!

Kokos-Chia-Pudding

Zubereitungszeit: 5 Minuten + 3 Stunden Einweichzeit
Portionen: 1 Person

Zutaten:
- 250 ml Kokosmilch
- 2 EL Chiasamen
- 1 EL Honig
- 1 TL Vanilleextrakt
- 1 EL gehackte, ungesalzene Mandeln
- Frische Beeren deiner Wahl zum Belegen (optional)

Zubereitung:
1. In einer Schüssel die Kokosmilch, Chiasamen, Honig und Vanilleextrakt zusammen geben. Gut umrühren, bis alle Zutaten gründlich vermischt sind.

2. Die Mischung für etwa 3 Stunden in den Kühlschrank stellen, um die Chiasamen quellen zu lassen. Du kannst sie auch über Nacht stehen lassen, wenn du den Pudding zum Frühstück zubereiten möchtest.

3. Nach der Einweichzeit die Mischung gut umrühren, um sicherzustellen, dass keine Klumpen vorhanden sind.

4. Den Pudding in eine Schüssel oder ein Glas geben und mit den gehackten Mandeln bestreuen.

5. Wenn du möchtest, kannst du den Pudding auch mit ein paar frischen Beeren belegen. Und schon ist dein Pudding bereit zum Genießen!

Goji-Beeren-Energie-Riegel

Zubereitungszeit: 10 Minuten + 20 Minuten Backzeit
Portionen: 8 Riegel

Zutaten:

- 60 g Goji-Beeren, gewaschen und getrocknet
- 120 g Haferflocken, grob
- 2 EL Chia-Samen
- 40 g Kokosraspeln, ungesüßt
- 40 g Mandeln, gehackt
- 3 EL Honig, flüssig
- 1 TL Vanilleextrakt
- Eine Prise Salz

Zubereitung:

1. Heize den Ofen auf 180 Grad vor. Lege eine Backform (etwa 20 cm x 20 cm) mit Backpapier aus.

2. Verteile die Haferflocken, Mandeln und Kokosraspeln auf einem Backblech und röste sie im Ofen für etwa 5 Minuten, bis sie leicht golden sind. Danach aus dem Ofen nehmen und abkühlen lassen.

3. Währenddessen gibst du die Goji-Beeren in eine Schüssel und übergießt sie mit warmem Wasser. Lass sie für etwa 5 Minuten einweichen, damit sie aufquellen können. Anschließend das Wasser abgießen und die Beeren trocken tupfen.

4. In einer großen Schüssel mischst du die abgekühlten Haferflocken, Mandeln, Kokosraspeln und Chia-Samen. Füge die Goji-Beeren hinzu.

5. In einem kleinen Topf erwärmst du den Honig mit dem Vanilleextrakt und der Prise Salz. Gib diese Mischung zu den trockenen Zutaten und vermische alles gründlich.

6. Verteile die Mischung gleichmäßig in der vorbereiteten Backform. Drücke sie gut fest, damit die Riegel später nicht auseinanderfallen.

7. Backe die Mischung für etwa 15 Minuten, bis die Oberfläche golden ist. Lasse die Mischung vollständig abkühlen, bevor du sie in Riegel schneidest.

Haferflocken-Bananen-Muffins

Zubereitungszeit: 10 Minuten + 20 Minuten Backzeit
Portionen: 6 Muffins

Zutaten:

- 1 mittelgroße reife Banane, zer-drückt
- 75 g Haferflocken
- 1 Bio-Ei, geschlagen
- 25 g Honig
- 1/2 TL Backpulver
- 1/4 TL Natron
- 1/2 TL Zimt
- Prise Salz
- 25 g Walnüsse, gehackt
- 10 g Chia-Samen

Zubereitung:

1. Erhitze deinen Backofen auf 180 Grad vor. Lege deine Muffinblechform mit Muffinförmchen aus.

2. In einer Schüssel mischst du die zerdrückte Banane, das geschlagene Ei und den Honig zusammen. Gib dann die Haferflocken, das Backpulver, das Natron, den Zimt und eine Prise Salz dazu. Verrühre alles gut.

3. Füge nun die gehackten Walnüsse und die Chia-Samen hinzu und rühre sie vorsichtig unter.

4. Verteile die Muffinmasse gleichmäßig auf die Muffinförmchen.

5. Backe die Muffins für ca. 20 Minuten, oder bis sie goldbraun sind und ein Zahnstocher, den du in die Mitte eines Muffins steckst, sauber herauskommt.

6. Lasse die Muffins ein paar Minuten im Blech abkühlen, bevor du sie herausnimmst. Genieße sie warm oder lass sie auf einem Kuchengitter vollständig abkühlen.

Gemüsespiralen mit Hummus

Zubereitungszeit: 10 Minuten + 5 Minuten Ruhezeit
Portionen: 1 Person

Zutaten:

- 1 mittelgroße Zucchini, gewaschen und in Spiralen geschnitten
- 1 Karotte, gewaschen und in Spiralen geschnitten
- 1 rote Paprika, gewaschen und in dünne Streifen geschnitten
- 2 EL natives Olivenöl extra
- Salz und Pfeffer nach Geschmack
- 100 g Kichererbsen, abgetropft und abgespült
- 1 EL frisch gepresster Bio-Zitronensaft
- 1 EL Tahini (Sesampaste)
- 1 kleine Knoblauchzehe, gehackt
- 2 EL Wasser
- 1 EL frische Petersilie, gehackt

Zubereitung:

1. Erhitze das Olivenöl in einer Pfanne über mittlerer Hitze. Füge die Zucchinispiralen, Karottenspiralen und Paprikastreifen hinzu. Würze mit Salz und Pfeffer und brate das Gemüse für etwa 5 Minuten, bis es leicht weich ist. Nimm die Pfanne vom Herd und stelle sie beiseite.

2. Während das Gemüse kocht, bereite den Hummus zu. Gib die Kichererbsen, Zitronensaft, Tahini und den gehackten Knoblauch in einen Mixer oder eine Küchenmaschine. Püriere die Zutaten, füge nach und nach das Wasser hinzu, bis eine glatte Paste entsteht.

3. Lege das gebratene Gemüse auf einen Teller und gib den frisch zubereiteten Hummus darüber. Bestreue das Ganze mit der gehackten Petersilie.

4. Lass das Gericht 5 Minuten ruhen, damit die Aromen sich verbinden können.

Apfelringe mit Mandelbutter

Zubereitungszeit: 15 Minuten + 10 Minuten Kühlzeit
Portionen: 10 Apfelringe

Zutaten:
- 1 großer Apfel, gewaschen, entkernt und in Ringe geschnitten
- 100 g Mandelbutter, aus dem Glas
- 50 g dunkle Schokolade, geschmolzen
- 1 TL Chiasamen
- 1 EL Honig (optional)

Zubereitung:
1. Nimm den Apfel und schneide ihn in dünne Ringe. Achte darauf, das Kerngehäuse zu entfernen.
2. Bestreiche die Apfelringe auf einer Seite gleichmäßig mit der Mandelbutter. Falls du möchtest, kannst du die Mandelbutter vorher mit Honig süßen.
3. Lege die Apfelringe auf ein mit Backpapier ausgelegtes Backblech und lasse sie für 10 Minuten im Kühlschrank ruhen.
4. In der Zwischenzeit schmelze die dunkle Schokolade in einer Schüssel über einem Wasserbad.
5. Nachdem die Apfelringe gekühlt sind, tauche sie halb in die geschmolzene Schokolade und streue die Chiasamen darauf.
6. Stelle die Apfelringe zurück in den Kühlschrank, bis die Schokolade fest wird.

Beilagen

Gebackene Süßkartoffelspalten

Zubereitungszeit: 10 Minuten + 25 Minuten Backzeit
Portionen: 1 Person

Zutaten:

- 1 mittelgroße Süßkartoffel, gewaschen und ungeschält
- 1 EL natives Olivenöl extra
- 1 TL frischer Rosmarin, fein gehackt
- 1/2 TL Paprikapulver, edelsüß
- Salz und Pfeffer nach Geschmack
- 1 EL frischer Bio-Zitronensaft

Zubereitung:

1. Heize deinen Backofen auf 200 Grad vor.

2. Schneide die Süßkartoffel in gleichmäßige Spalten. Versuche, sie nicht zu dünn zu machen, damit sie nicht zu schnell verbrennen.

3. In einer Schüssel vermischst du die Süßkartoffelspalten mit dem Olivenöl, dem Rosmarin, dem Paprikapulver, Salz und Pfeffer. Stelle sicher, dass alle Spalten gut mit der Mischung bedeckt sind.

4. Lege die Spalten auf ein Backblech und stelle sicher, dass sie nicht übereinander liegen.

5. Backe sie im vorgeheizten Backofen für etwa 20-25 Minuten oder bis sie knusprig und goldbraun sind.

6. Nimm das Backblech aus dem Ofen und beträufle die gebackenen Süßkartoffelspalten sofort mit dem frischen Zitronensaft. Dies gibt ihnen einen zusätzlichen Geschmackskick.

Ofen-Rote-Bete mit Feta

Zubereitungszeit: 10 Minuten + 40 Minuten Backzeit
Portionen: 1 Person

Zutaten:

- 2 kleine Rote-Bete Knollen, gewaschen und in Scheiben geschnitten
- 1 EL natives Olivenöl extra
- Salz und Pfeffer nach Geschmack
- 60 g Feta-Käse, gewürfelt
- 1 TL frisch gehackter Thymian
- 1 TL frisch gepresster Bio-Zitronensaft
- Ein paar frische Minzblätter für die Garnierung (optional)

Zubereitung:

1. Heize den Ofen auf 200 Grad vor. Lege ein Backblech mit Backpapier aus.

2. In einer Schüssel vermische die Rote-Bete-Scheiben mit Olivenöl, Salz und Pfeffer.

3. Verteile die Rote-Bete-Scheiben gleichmäßig auf dem vorbereiteten Backblech. Backe sie für 20 Minuten im Ofen.

4. Nimm das Backblech aus dem Ofen, wende die Rote-Bete-Scheiben und verteile den Feta-Käse und Thymian darüber. Backe alles weitere 20 Minuten, bis die Rote Bete weich und der Feta leicht gebräunt ist.

5. Nimm das Backblech aus dem Ofen, beträufle das Gericht mit dem frisch gepressten Zitronensaft und garniere es mit ein paar frischen Minzblättern, falls gewünscht. Sofort servieren.

Gebratene Zucchini mit Knoblauch

Zubereitungszeit: 10 Minuten + 10 Minuten Kochzeit
Portionen: 1 Person

Zutaten:

- 1 kleine Zucchini, gewaschen, Enden entfernt und in Halbmond-Scheiben geschnitten
- 2 Knoblauchzehen, geschält und fein gehackt
- 1 EL natives Olivenöl extra
- 1 TL rote Chiliflocken
- Salz nach Geschmack
- Frischer Pfeffer nach Geschmack
- Ein Spritzer frisch gepresster Bio-Zitronensaft
- Ein paar frische Basilikumblätter, gewaschen und grob gehackt

Zubereitung:

1. Erhitze das Olivenöl in einer Pfanne über mittlerer Hitze.

2. Gib die gehackten Knoblauchzehen hinzu und brate sie etwa 1 Minute an, bis sie goldbraun sind.

3. Füge die Zucchinischeiben in die Pfanne und mische sie gut mit dem Knoblauch und Olivenöl. Lasse die Zucchini etwa 5-7 Minuten braten, oder bis sie weich sind und an den Rändern leicht gebräunt.

4. Würze die Zucchini mit Salz, Pfeffer und roten Chiliflocken. Gib einen Spritzer Zitronensaft darüber und rühre alles gut durch.

5. Zum Schluss streue die gehackten Basilikumblätter über die Zucchini und rühre noch einmal um, bevor du die Pfanne vom Herd nimmst.

6. Serviere die gebratene Zucchini heiß als leckere Beilage. Guten Appetit!

Gerösteter Blumenkohl mit Kurkuma

Zubereitungszeit: 15 Minuten + 25 Minuten Garzeit
Portionen: 1 Person

Zutaten:

- 1 kleiner Blumenkohl, in Röschen zerteilt
- 2 EL natives Olivenöl extra
- 1 TL Kurkumapulver
- 1/2 TL Paprikapulver, edelsüß
- 1/2 TL Salz
- 1 Prise Pfeffer
- 2 EL Bio-Zitronensaft
- Frische Petersilie, grob gehackt (zum Garnieren)

Zubereitung:

1. Heize deinen Ofen auf 200 Grad vor.

2. Lege ein Backblech mit Backpapier aus.

3. Gib die Blumenkohlröschen in eine große Schüssel.

4. Vermische in einer separaten kleinen Schüssel das Olivenöl, das Kurkumapulver, das Paprikapulver, das Salz und den Pfeffer.

5. Gieße das Öl-Gewürz-Gemisch über den Blumenkohl und mische alles gut durch, sodass alle Röschen gut mit der Mischung bedeckt sind.

6. Lege die Röschen auf das vorbereitete Backblech und stelle sicher, dass sie nicht übereinanderliegen.

7. Röste den Blumenkohl 20 bis 25 Minuten lang, bis er weich und goldbraun ist. Drehe die Röschen nach der Hälfte der Garzeit, um eine gleichmäßige Bräunung zu gewährleisten.

8. Nimm das Backblech aus dem Ofen und beträufle den Blumenkohl mit Zitronensaft. Garniere ihn mit der frischen Petersilie.

Grüne Erbsen mit Minze

Zubereitungszeit: 5 Minuten + 15 Minuten Kochzeit
Portionen: 1 Person

Zutaten:

- 150 g grüne Erbsen, tiefgekühlt
- 10 g frische Minzblätter, gewaschen und gehackt
- 1 EL natives Olivenöl extra
- Salz und Pfeffer nach Geschmack
- 1 kleine Schalotte, geschält und fein gewürfelt
- 100 ml Gemüsebrühe, natriumarm

Zubereitung:

1. Erhitze das Olivenöl in einer Pfanne über mittlerer Hitze. Füge die Schalotte hinzu und dünste sie an, bis sie weich und leicht golden ist. Das sollte etwa 3-4 Minuten dauern.

2. Gib nun die grünen Erbsen in die Pfanne und brate sie für etwa 2 Minuten mit an.

3. Gieße die Gemüsebrühe in die Pfanne und lasse die Erbsen darin bei niedriger Hitze etwa 10 Minuten köcheln, bis sie weich sind.

4. Füge zum Schluss die gehackte Minze hinzu, rühre sie unter und schmecke das Ganze mit Salz und Pfeffer ab.

5. Die grünen Erbsen sind jetzt fertig zum Servieren. Guten Appetit!

Gebackene Karotten mit Honig und Thymian

Zubereitungszeit: 10 Minuten + 20 Minuten Backzeit
Portionen: 1 Person

Zutaten:

- 3 mittelgroße Karotten, geschält und längs halbiert
- 2 EL natives Olivenöl extra
- 1 EL Honig
- 1 TL frische Thymianblätter
- Salz und Pfeffer nach Geschmack

Zubereitung:

1. Heize deinen Backofen auf 200 Grad vor.

2. Lege die Karottenhälften auf ein mit Backpapier ausgelegtes Backblech.

3. Träufle das Olivenöl gleichmäßig über die Karotten.

4. Würze die Karotten mit Salz und Pfeffer.

5. Backe die Karotten für etwa 15 Minuten im vorgeheizten Backofen.

6. Nimm das Backblech aus dem Ofen und beträufle die Karotten mit dem Honig. Bestreue sie dann mit den Thymianblättern.

7. Stelle das Backblech zurück in den Ofen und backe die Karotten für weitere 5 Minuten, oder bis sie schön karamellisiert sind.

8. Nimm die Karotten aus dem Ofen und lasse sie ein paar Minuten abkühlen, bevor du sie servierst.

Geröstete Kichererbsen

Zubereitungszeit: 10 Minuten + 20 Minuten Garzeit
Portionen: 1 Person

Zutaten:

- 1 Dose (240 g) Kichererbsen, abgetropft und abgespült
- 2 EL natives Olivenöl extra
- 1 TL Paprikapulver, edelsüß
- 1/2 TL Kurkuma
- 1/2 TL Kreuzkümmel, gemahlen
- 1/4 TL Cayennepfeffer
- Salz nach Geschmack

Zubereitung:

1. Den Backofen auf 200 Grad vorheizen.

2. Kichererbsen abspülen und mit Küchenpapier trocken tupfen. Je trockener die Kichererbsen, desto knuspriger werden sie.

3. Die trockenen Kichererbsen in einer Schüssel mit Olivenöl und den Gewürzen (Paprikapulver, Kurkuma, Kreuzkümmel, Cayennepfeffer und Salz) vermischen, bis alle Kichererbsen gleichmäßig bedeckt sind.

4. Die Kichererbsen auf ein mit Backpapier ausgelegtes Backblech verteilen und im vorgeheizten Ofen etwa 20 Minuten rösten, bis sie goldbraun und knusprig sind. Gelegentlich wenden, damit sie gleichmäßig rösten.

5. Aus dem Ofen nehmen und abkühlen lassen. Die Kichererbsen werden beim Abkühlen noch etwas knuspriger.

Gedämpfter Spargel mit Zitrone

Zubereitungszeit: 15 Minuten + 20 Minuten Garzeit
Portionen: 1 Person

Zutaten:

- 200 g Weißer Spargel, geschält
- 1 Bio-Zitrone, gewaschen und halbiert
- 1 EL natives Olivenöl extra
- Salz nach Geschmack
- 1 EL frische Minze, fein gehackt
- 2 EL gehackte Mandeln, trocken geröstet

Zubereitung:

1. Bringe einen Topf mit Wasser zum Kochen. Füge eine Prise Salz hinzu.

2. Während das Wasser kocht, bereite den Spargel vor. Schneide das untere, harte Ende ab und lege ihn beiseite.

3. Sobald das Wasser kocht, lege einen Dämpfeinsatz darüber und stelle sicher, dass das Wasser ihn nicht berührt.

4. Lege den Spargel in den Dämpfeinsatz und decke den Topf ab. Lass den Spargel etwa 15-20 Minuten dämpfen, bis er weich, aber noch bissfest ist.

5. Während der Spargel dämpft, presse den Saft aus der Hälfte der Zitrone. Schneide die andere Hälfte in Scheiben zur Garnierung.

6. Sobald der Spargel fertig ist, entferne ihn vorsichtig aus dem Dämpfeinsatz und lege ihn auf den Teller.

7. Beträufle den warmen Spargel mit dem Zitronensaft und dem Olivenöl, bestreue ihn mit Salz nach Geschmack und garniere ihn mit der frischen Minze und den gerösteten Mandeln. Lege eine Zitronenscheibe an die Seite. Guten Appetit!

Süßkartoffelpüree mit Zimt

Zubereitungszeit: 10 Minuten + 20 Minuten Kochzeit
Portionen: 1 Person

Zutaten:

- 200 g Süßkartoffel, geschält und in Würfel geschnitten
- 1 EL natives Olivenöl extra
- 150 ml Wasser
- 1/4 TL gemahlener Zimt
- Eine Prise Meersalz
- Eine Prise frisch gemahlener Pfeffer

Zubereitung:

1. Gib die Süßkartoffelwürfel in einen Topf, bedecke sie mit dem Wasser und lass sie bei mittlerer Hitze etwa 20 Minuten kochen, bis sie weich sind. Prüfe die Weichheit mit einer Gabel.

2. Sobald die Süßkartoffeln gekocht sind, gieße das Wasser ab, aber behalte etwa 50 ml des Kochwassers aufbewahrt.

3. Nun gib das Olivenöl, den gemahlenen Zimt, Salz und Pfeffer in den Topf zu den Süßkartoffeln.

4. Mit einem Kartoffelstampfer oder Handmixer püriere die Süßkartoffeln, bis sie eine glatte Konsistenz erreichen. Falls nötig, füge etwas von dem aufbewahrten Kochwasser hinzu, um das Püree cremiger zu machen.

5. Schmecke das Püree ab und füge nach Bedarf mehr Salz, Pfeffer oder Zimt hinzu.

Quinoa mit gerösteten Mandeln

Zubereitungszeit: 15 Minuten + 15 Minuten Ruhezeit
Portionen: 1 Person

Zutaten:
- 75 g Quinoa, gewaschen
- 150 ml Wasser
- 1 Prise Salz
- 20 g Mandeln, gehackt
- 1 EL natives Olivenöl extra
- 2 EL frisch gehackte Petersilie
- 1 TL frisch geriebene Bio-Zitronenschale
- Pfeffer nach Geschmack

Zubereitung:
1. Gib das Wasser in einen kleinen Topf und bringe es mit einer Prise Salz zum Kochen. Füge dann die Quinoa hinzu, reduziere die Hitze auf ein Minimum und lass es etwa 15 Minuten köcheln, bis das Wasser vollständig aufgenommen wurde. Nimm den Topf vom Herd und lass die Quinoa zugedeckt für etwa 15 Minuten quellen.

2. Während die Quinoa quillt, erhitze eine Pfanne ohne Fett und röste darin die gehackten Mandeln unter ständigem Rühren, bis sie goldbraun und duftend sind. Achte darauf, dass sie nicht verbrennen.

3. Gib die gerösteten Mandeln in eine Schüssel und vermische sie mit dem Olivenöl, der Petersilie und der geriebenen Zitronenschale.

4. Wenn die Quinoa fertig ist, füge sie zu der Mandelmischung in der Schüssel hinzu und vermische alles gründlich. Schmecke mit Pfeffer und bei Bedarf noch etwas Salz ab.

5. Deine Quinoa ist nun fertig zum Servieren.

Desserts

Beeren-Sorbet mit Minze

Zubereitungszeit: 10 Minuten + 2 Stunden Gefrierzeit
Portionen: 1 Person

Zutaten:

- 200 g gemischte Beeren, gewaschen und gefroren
- 30 ml Ahornsirup
- 5-6 frische Minzeblätter, gewaschen
- 1 TL Bio-Zitronensaft

Zubereitung:

1. Lege die gefrorenen Beeren in den Mixer oder die Küchenmaschine. Gib den Ahornsirup, den Zitronensaft und die Minzeblätter hinzu.

2. Mixe alles auf höchster Stufe, bis eine homogene Masse entsteht. Sollte die Masse zu dick sein, füge ein bisschen Wasser hinzu und mixe erneut.

3. Fülle das Beeren-Minze-Sorbet in eine geeignete Schüssel und stelle es für mindestens 2 Stunden in das Gefrierfach.

4. Vor dem Servieren sollte das Sorbet einige Minuten bei Raumtemperatur stehen, um es leichter portionieren zu können. Garniere es mit ein paar frischen Minzblättern und genieße dein erfrischendes Sorbet.

Bananen-Eiscreme mit Nüssen

Zubereitungszeit: 5 Minuten + 2 Stunden Gefrierzeit
Portionen: 1 Person

Zutaten:

- 2 reife Bananen, in Scheiben geschnitten und eingefroren
- 30 g gemischte Nüsse (Mandeln, Walnüsse, Haselnüsse), geröstet und gehackt
- 60 ml ungesüßte Mandelmilch
- 1 TL Honig
- 1 TL reines Vanilleextrakt

Zubereitung:

1. Lege die Bananenscheiben auf ein Backblech oder in einen Gefrierbeutel und friere sie für mindestens 2 Stunden oder über Nacht ein.

2. Röste die Nüsse in einer Pfanne ohne Öl, bis sie duften. Lasse sie abkühlen und hacke sie dann grob.

3. Gib die eingefrorenen Bananen, Mandelmilch, Honig und Vanilleextrakt in einen starken Mixer oder eine Küchenmaschine.

4. Mixe alles, bis eine cremige Konsistenz erreicht ist. Du musst vielleicht ein paar Mal anhalten und die Seiten abschaben.

5. Rühre zum Schluss die gehackten Nüsse unter.

6. Du kannst das Eis sofort als weiches Eis genießen oder es zurück in den Gefrierschrank geben, bis es fester wird. Vor dem Servieren einige Minuten antauen lassen.

Quinoa-Pudding mit Beeren

Zubereitungszeit: 10 Minuten + 20 Minuten Kochzeit
Portionen: 1 Person

Zutaten:

- 60 g Quinoa, gut abgespült
- 250 ml Mandelmilch, ungesüßt
- 1 TL Vanilleextrakt
- 2 TL Honig
- Eine Prise Salz
- 100 g gemischte Beeren (frisch oder gefroren), zum Beispiel Erdbeeren, Himbeeren, Heidelbeeren
- 1 EL Mandelsplitter

Zubereitung:

1. Gib den gut abgespülten Quinoa in einen Topf und füge die Mandelmilch, das Vanilleextrakt, den Honig und eine Prise Salz hinzu. Rühre alles gut um, damit sich die Zutaten gut vermischen.

2. Stelle den Topf auf mittlere Hitze und lasse den Inhalt unter Rühren zum Kochen bringen.

3. Sobald das Ganze kocht, reduziere die Hitze und lasse den Quinoa 20 Minuten lang köcheln, bis er weich ist und die Flüssigkeit aufgesogen hat.

4. Während der Quinoa köchelt, kannst du die Beeren vorbereiten. Wenn du frische Beeren verwendest, wasche sie und schneide sie gegebenenfalls klein. Wenn du gefrorene Beeren verwendest, lasse sie auftauen.

5. Wenn der Quinoa fertig gekocht ist, gib ihn in eine Schüssel und mische die Beeren unter. Bestreue das Ganze mit den Mandelsplittern.

6. Dein Quinoa-Pudding mit Beeren ist jetzt fertig zum Genießen! Du kannst ihn warm servieren oder abkühlen lassen und kalt genießen.

Kokos-Milchreis mit Mango

Zubereitungszeit: 5 Minuten + 20 Minuten Kochzeit
Portionen: 1 Person

Zutaten:

- 50 g Rundkornreis
- 200 ml Kokosmilch
- 1 reife Mango, geschält und in Würfel geschnitten
- 1 EL Honig
- 1/2 TL Vanilleextrakt
- 1 Prise Salz
- 1 TL Kokosflocken, leicht geröstet, für die Garnitur

Zubereitung:

1. Den Rundkornreis unter fließendem Wasser abspülen, bis das Wasser klar ist. Dies hilft, überschüssige Stärke zu entfernen und verhindert, dass der Reis zu klebrig wird.

2. In einem mittelgroßen Topf die Kokosmilch, den abgespülten Rundkornreis, den Honig, das Vanilleextrakt und die Prise Salz vermischen.

3. Den Topfinhalt auf mittlerer Hitze zum Kochen bringen, dann die Hitze reduzieren und 20 Minuten köcheln lassen, bis der Reis weich ist und die meiste Flüssigkeit absorbiert hat.

4. Während der Reis kocht, die Mango schälen und in Würfel schneiden. Die Kokosflocken in einer Pfanne ohne Fett auf niedriger Hitze rösten, bis sie leicht goldbraun sind.

5. Nach der Kochzeit den Topf vom Herd nehmen und den Kokos-Milchreis 5 Minuten ruhen lassen.

6. Den Milchreis in eine Schale geben, die gewürfelte Mango darüber verteilen und mit den gerösteten Kokosflocken garnieren.

Chia-Pudding mit Himbeeren

Zubereitungszeit: 15 Minuten + 2 Stunden Kühlzeit
Portionen: 1 Person

Zutaten:

- 3 EL Chiasamen
- 240 ml Mandelmilch, ungesüßt
- 1 TL Honig oder Ahornsirup
- 1 Prise Vanilleextrakt
- 1 Handvoll frische Himbeeren, gewaschen
- 1 EL gehackte Mandeln, geröstet
- Ein paar Minzblätter, gewaschen und grob gehackt

Zubereitung:

1. Nimm eine kleine Schüssel und gib die Chiasamen hinein. Füge die Mandelmilch, den Honig (oder Ahornsirup) und das Vanilleextrakt hinzu.

2. Rühre alles gut durch, bis die Samen vollständig von der Flüssigkeit bedeckt sind.

3. Decke die Schüssel ab und stelle sie für mindestens 2 Stunden in den Kühlschrank. Am besten bereitest du den Pudding am Vorabend zu und lässt ihn über Nacht quellen.

4. Nach der Kühlzeit sollten die Chiasamen die Flüssigkeit aufgenommen und eine gelartige Konsistenz erlangt haben.

5. Rühre den Pudding noch einmal gut durch. Sollte er zu fest sein, kannst du noch etwas Mandelmilch hinzufügen.

6. Fülle den Chia-Pudding in ein Glas oder eine Schüssel.

7. Belege den Pudding mit den frischen Himbeeren, den gerösteten Mandeln und den gehackten Minzblättern. Jetzt ist dein Pudding bereit zum Genießen.

Haferflocken-Apfel-Crumble

Zubereitungszeit: 10 Minuten + 20 Minuten Backzeit
Portionen: 1 Person

Zutaten:

- 60 g kernige Haferflocken
- 40 g Mandeln, grob gehackt
- 20 ml Ahornsirup
- 1 TL Zimt
- 1 Prise Salz
- 1 mittelgroßer Apfel, gewürfelt
- 1 TL Kokosöl
- 10 g Ingwer, frisch gerieben

Zubereitung:

1. Heize den Backofen auf 180 Grad vor.

2. In einer Schüssel vermische die Haferflocken mit den gehackten Mandeln, Ahornsirup, einem halben TL Zimt und einer Prise Salz. Stelle diese Mischung für später beiseite.

3. Erhitze das Kokosöl in einer Pfanne und füge den gewürfelten Apfel, den frisch geriebenen Ingwer und den restlichen halben TL Zimt hinzu. Brate diese Mischung 5 Minuten lang an, bis die Apfelwürfel weich sind.

4. Gib den Apfel-Ingwer-Mix in eine kleine Auflaufform und verteile die Haferflocken-Mandel-Mischung darüber.

5. Backe das Ganze 15-20 Minuten, bis die Oberfläche knusprig und golden ist.

Mandel-Bananen-Pfannkuchen

Zubereitungszeit: 10 Minuten + 15 Minuten Kochzeit
Portionen: 3 Pfannkuchen

Zutaten:
- 1 reife Banane, in Scheiben geschnitten
- 2 EL Mandelmehl
- 1 EL Haferflocken
- 50 ml Mandelmilch
- 1 EL Chiasamen, eingeweicht
- 1 TL Zimt
- 1 TL Kokosöl

Zubereitung:
1. In einer Schüssel vermischst du das Mandelmehl, die Haferflocken, die eingeweichten Chiasamen und den Zimt.
2. In einer separaten Schüssel zerdrückst du die Bananenscheiben und fügst die Mandelmilch hinzu.
3. Die Bananen-Mandelmilch-Mischung gibst du zu den trockenen Zutaten und vermischt alles gut.
4. Die Pfanne erhitzt du auf mittlere Hitze und gibst das Kokosöl hinzu.
5. Mit einer Kelle gibst du jeweils ein Drittel des Teigs in die Pfanne und formst einen Pfannkuchen. Lass den Pfannkuchen ungefähr 3 Minuten auf jeder Seite braten, bis er goldbraun ist. Wiederhole diesen Schritt für die restlichen Pfannkuchen.
6. Die fertigen Pfannkuchen kannst du nun mit ein wenig Honig oder frischen Früchten genießen.

Beeren-Joghurt-Parfait

Zubereitungszeit: 15 Minuten + 2 Stunden Kühlzeit
Portionen: 1 Person

Zutaten:

- 200 g gemischte Beeren, gewaschen und geviertelt
- 200 g Naturjoghurt
- 2 EL Honig
- 2 EL Mandelsplitter, geröstet
- 1 EL Bio-Zitronensaft
- 1 TL Minzblätter, frisch und gehackt

Zubereitung:

1. Vermische den Naturjoghurt mit dem Honig und Zitronensaft in einer mittelgroßen Schüssel. Rühre das Ganze gut durch, bis eine gleichmäßige Mischung entsteht.

2. Gib die Hälfte der Beeren in ein hohes Glas und bedecke sie mit der Hälfte des Joghurt-Mixes.

3. Wiederhole Schritt 2, indem du eine weitere Schicht Beeren und Joghurt hinzufügst.

4. Bestreue das Parfait mit den gerösteten Mandelsplittern und den frisch gehackten Minzblättern.

5. Stelle das Glas für mindestens 2 Stunden in den Kühlschrank, um das Parfait fest werden zu lassen.

6. Genieße dein Beeren-Joghurt-Parfait kalt direkt aus dem Kühlschrank!

Dattel-Energiebällchen mit Kakao

Zubereitungszeit: 15 Minuten + 30 Minuten Kühlzeit
Portionen: 10 Energiebällchen

Zutaten:

- 120 g entsteinte Datteln
- 30 g ungesüßter Kakao
- 60 g Mandeln, gehackt
- 1 EL Chiasamen
- 2 EL Kokosnussöl, geschmolzen
- 1 TL Vanilleextrakt
- Eine Prise Salz
- 20 g Kokosflocken zum Rollen

Zubereitung:

1. Weiche die Datteln für 10 Minuten in warmem Wasser ein. Danach gut abtropfen lassen.

2. Gib die Datteln, Kakao, Mandeln, Chiasamen, Kokosöl, Vanilleextrakt und Salz in eine Küchenmaschine oder einen starken Mixer. Mixe alles gut durch, bis eine klebrige Masse entsteht.

3. Forme mit den Händen aus der Masse kleine Kugeln, ungefähr in der Größe einer Walnuss.

4. Rolle die Kugeln in den Kokosflocken, bis sie vollständig bedeckt sind.

5. Lege die Energiebällchen auf einen Teller oder in eine Box und stelle sie für mindestens 30 Minuten in den Kühlschrank, damit sie fest werden.

6. Genieße die Dattel-Energiebällchen als gesunden Snack oder Dessert!

Apfel-Zimt-Muffins

Zubereitungszeit: 10 Minuten + 20 Minuten Backzeit
Portionen: 6 Muffins

Zutaten:

- 1 mittelgroßer Apfel, geschält und gewürfelt
- 1 EL frisch gepresster Bio-Zitronensaft
- 100 g Vollkornmehl
- 1 TL Backpulver
- 1 TL Zimt, gemahlen
- 1 Prise Salz
- 50 ml Ahornsirup
- 50 g ungesüßtes Apfelmus
- 50 ml Mandelmilch
- 1 TL Vanilleextrakt
- 1 EL Kokosöl, geschmolzen

Zubereitung:

1. Den Backofen auf 180 Grad vorheizen und eine Muffinform mit Papierförmchen auslegen.

2. Den gewürfelten Apfel mit dem Zitronensaft vermengen und beiseite stellen.

3. In einer großen Schüssel das Vollkornmehl, das Backpulver, den Zimt und das Salz vermischen.

4. In einer anderen Schüssel den Ahornsirup, das Apfelmus, die Mandelmilch, den Vanilleextrakt und das geschmolzene Kokosöl verrühren.

5. Die nassen Zutaten zu den trockenen geben und vorsichtig verrühren, bis gerade so ein Teig entsteht. Achtung, nicht zu viel rühren!

6. Die Apfelwürfel unterheben.

7. Den Teig in die vorbereiteten Muffinförmchen füllen und im vorgeheizten Ofen ca. 20 Minuten backen, oder bis ein Zahnstocher sauber herauskommt.

8. Die Muffins aus dem Ofen nehmen und vor dem Servieren vollständig abkühlen lassen.

Getränke

Grüner Tee mit Zitrone und Ingwer

Zubereitungszeit: 5 Minuten + 10 Minuten Ziehzeit
Portionen: ca. 250 ml Tee

Zutaten:

- 1 TL grüner Tee, lose
- 3 Scheiben frischer Ingwer, ca. 3 mm dick
- 1 Scheibe frische Bio-Zitrone, ca. 5 mm dick
- 1 TL Honig, optional
- 250 ml Wasser

Zubereitung:

1. Erhitze das Wasser in einem Topf bis zum Siedepunkt und lasse es dann auf etwa 80 Grad abkühlen. Dies ist wichtig, damit der grüne Tee nicht verbittert.
2. Während das Wasser abkühlt, schneide den Ingwer und die Zitrone in Scheiben.
3. Gib den grünen Tee, die Ingwerscheiben und die Zitronenscheibe in eine große Teetasse.
4. Gieße das abgekühlte Wasser in die Tasse und decke sie ab.
5. Lasse den Tee etwa 10 Minuten ziehen.
6. Falls gewünscht, süße den Tee mit einem Teelöffel Honig.
7. Genieße deinen heißen und würzigen grünen Tee!

Himbeer-Minz-Wasser

Zubereitungszeit: 5 Minuten + 30 Minuten Ziehzeit
Portionen: ca. 1 Liter Min-Wasser

Zutaten:

- 100 g frische Himbeeren, gewaschen
- 5 Minzblätter, gewaschen und gezupft
- 1 EL frisch gepresster Bio-Zitronensaft
- 1 Liter kaltes Wasser
- 1 EL Honig, optional

Zubereitung:

1. Gib zuerst die Himbeeren in ein großes Gefäß und drücke sie vorsichtig mit einer Gabel, bis sie ihren Saft abgeben.

2. Füge die gezupften Minzblätter hinzu und drücke sie leicht mit der Gabel, um die Aromen freizusetzen.

3. Gib nun den Zitronensaft und das kalte Wasser hinzu. Rühre gut um, um alle Zutaten zu vermischen.

4. Falls du etwas Süße hinzufügen möchtest, kannst du nun den Honig einrühren. Stelle sicher, dass du gut umrührst, damit sich der Honig vollständig auflöst.

5. Lass das Himbeer-Minz-Wasser für mindestens 30 Minuten im Kühlschrank ziehen. Je länger es zieht, desto intensiver werden die Aromen.

6. Vor dem Servieren gut umrühren. Du kannst das Wasser direkt aus dem Gefäß trinken oder es durch ein Sieb gießen, um die Fruchtstücke zu entfernen.

Goldener Kurkuma-Latte

Zubereitungszeit: 5 Minuten + 2 Minuten Ruhezeit
Portionen: ca. 300 ml Latte

Zutaten:
- 250 ml Mandelmilch, kalt aus dem Kühlschrank
- 1 TL Kurkumapulver
- 1/2 TL Ingwerpulver
- 1 Prise schwarzer Pfeffer
- 1 TL Honig oder Ahornsirup
- 1 TL natives Kokosöl, optional

Zubereitung:
1. Die kalte Mandelmilch in einen kleinen Topf geben und erhitzen, aber nicht zum Kochen bringen.
2. Während die Milch erhitzt wird, Kurkumapulver, Ingwerpulver und eine Prise schwarzen Pfeffer hinzufügen. Alles gut vermischen.
3. Wenn die Milch warm ist, den Honig oder Ahornsirup hinzufügen und gut umrühren, bis sich alles aufgelöst hat.
4. Optional kannst du noch einen TL Kokosöl hinzufügen. Dies verstärkt nicht nur den Geschmack, sondern hilft auch, die Kurkuma besser aufzunehmen.
5. Nun nimmst du den Topf vom Herd und lässt den goldenen Kurkuma-Latte für etwa 2 Minuten ruhen, damit sich die Aromen entfalten können.
6. Gieße den Latte in ein großes Glas und genieße das wärmende Getränk.

Apfel-Zimt-Tee

Zubereitungszeit: 5 Minuten + 15 Minuten Kochzeit
Portionen: ca. 1 Liter Tee

Zutaten:

- 1 großer Bio-Apfel, gewaschen und in dünne Scheiben geschnitten
- 1 Liter Wasser
- 1 TL Zimt
- 1 EL Honig
- Ein kleines Stück Ingwer, geschält und in dünne Scheiben geschnitten
- 1 Bio-Zitronenscheibe

Zubereitung:

1. Nimm einen mittelgroßen Topf und gib das Wasser hinein. Stelle den Topf auf mittlere Hitze.

2. Während das Wasser erhitzt, schneide den Apfel und den Ingwer in dünne Scheiben.

3. Sobald das Wasser zu köcheln beginnt, füge die Apfelscheiben, Ingwerscheiben und den Zimt hinzu.

4. Lass den Tee für etwa 15 Minuten auf niedriger Hitze köcheln. Du kannst den Deckel auf den Topf legen, um die Aromen einzuschließen.

5. Nach der Kochzeit nimm den Topf vom Herd und gib den Honig hinzu. Rühre gut um, damit der Honig sich auflösen kann.

6. Gieße den Tee durch ein Sieb in eine Tasse oder eine Teekanne.

7. Füge die Zitronenscheibe hinzu und serviere den Tee warm.

Frische Wassermelonen-Limonade

Zubereitungszeit: 10 Minuten + 60 Minuten Kühlzeit
Portionen: ca. 1 Liter Limonade

Zutaten:

- 500 g Wassermelone, entkernt und gewürfelt
- Saft von 2 frischen Limonen
- 2 TL Honig
- 500 ml sprudelndes Mineralwasser
- Einige Minzblätter, gewaschen und gehackt
- 1 TL Ingwer, frisch gerieben
- Eiswürfel nach Belieben

Zubereitung:

1. Nimm die entkernten und gewürfelten Wassermelonenstücke und gib sie in einen Mixer.
2. Füge den Saft von 2 frischen Limonen hinzu, um einen Hauch von Säure einzubringen.
3. Schneide den frischen Ingwer und füge 1 TL zum Mixer hinzu.
4. Als Nächstes gib 2 TL Honig in den Mixer, um deiner Limonade eine natürliche Süße zu verleihen.
5. Mixe alle Zutaten auf hoher Stufe, bis eine gleichmäßige, saftige Mischung entsteht.
6. Gib die Mischung durch ein feines Sieb in eine große Kanne, um die festen Bestandteile zu entfernen und eine glatte Limonade zu erhalten.
7. Gieße das sprudelnde Mineralwasser hinein und rühre gut um.
8. Gib die gehackten Minzblätter hinzu und rühre erneut um.
9. Lass die Limonade im Kühlschrank mindestens 1 Stunde lang abkühlen.
10. Serviere die Limonade kalt mit Eiswürfeln nach Belieben.

Matcha-Latte mit Mandelmilch

Zubereitungszeit: 5 Minuten + 2 Minuten Abkühlzeit
Portionen: ca. 300 ml Matcha-Latte

Zutaten:

- 1 TL Matcha-Pulver, fein gesiebt
- 250 ml Mandelmilch, ungesüßt, auf Raumtemperatur
- 50 ml Wasser, frisch gekocht
- 1 TL Honig, nach Belieben

Zubereitung:

1. Koche das Wasser in einem kleinen Topf oder einem Wasserkocher auf.

2. Während das Wasser kocht, siebe das Matcha-Pulver in eine große Tasse, um Klümpchen zu vermeiden.

3. Sobald das Wasser kocht, gieße es über das gesiebte Matcha-Pulver.

4. Verwende einen Matcha-Besen (oder einen kleinen Schneebesen), um das Pulver und das Wasser zu vermischen. Schlag es, bis es schaumig wird. Das sollte etwa eine Minute dauern.

5. Während du das Matcha-Wasser schlägst, erhitze die Mandelmilch in einem kleinen Topf auf mittlerer Hitze, bis sie heiß ist, aber nicht kocht.

6. Sobald die Milch heiß ist, gieße sie vorsichtig in die Tasse mit dem Matcha.

7. Rühre den Honig in die heiße Matcha-Latte, bis er sich vollständig aufgelöst hat. Du kannst den Honig nach Geschmack anpassen.

8. Lass die Latte für etwa zwei Minuten abkühlen, bevor du sie genießt.

Grüner Entgiftungssaft

Zubereitungszeit: 10 Minuten
Portionen: ca. 500 ml Saft

Zutaten:

- 1 große Handvoll frischer Spinat, gewaschen
- 1 grüner Apfel, gewaschen und in Viertel geschnitten
- 1/2 frische Gurke, gewaschen und in große Stücke geschnitten
- 1 Stück Ingwer (ca. 3 cm), geschält
- 1 Bio-Zitrone, Schale entfernt und in Viertel geschnitten
- 1 TL Chiasamen

Zubereitung:

1. Bereite deinen Entsafter vor und stelle ein großes Glas unter den Saftauslauf.

2. Beginne mit dem Entsaften des Spinats. Drücke den Spinat durch den Entsafter, bis kein Saft mehr austritt.

3. Füge dann die Apfelstücke hinzu und entsafte sie.

4. Nun kommen die Gurkenstücke. Lasse auch sie durch den Entsafter laufen.

5. Als nächstes gib das Stück Ingwer in den Entsafter und danach die Zitronenviertel.

6. Sobald du alle Zutaten entsaftet hast, rühre den Saft gut um, damit sich alle Aromen verbinden.

7. Streue die Chiasamen in das Glas und rühre erneut um, bis die Samen gleichmäßig verteilt sind.

8. Lass den Saft etwa 2-3 Minuten stehen, damit die Chiasamen aufquellen können. Genieße dann deinen frischen, grünen Entgiftungssaft!

Rote-Bete-Gemüsesaft

Zubereitungszeit: 15 Minuten
Portionen: ca. 250 ml Gemüsesaft

Zutaten:

- 2 mittelgroße Rote Bete, geschält und in grobe Stücke geschnitten
- 1 Karotte, geschält und in grobe Stücke geschnitten
- 1 Apfel, entkernt und in grobe Stücke geschnitten
- 1 Stück frischen Ingwer, ca. 2 cm, geschält und in Scheiben geschnitten
- Saft einer halben Bio-Zitrone

Zubereitung:

1. Die vorbereiteten Stücke Rote Bete, Karotte und Apfel zusammen mit dem Ingwer in einen Entsafter geben.

2. Den Entsafter starten und laufen lassen, bis der gesamte Saft extrahiert ist.

3. Den Saft in ein Glas abseihen, um eventuelle grobe Stücke zu entfernen. Wenn du magst, kannst du den Saft auch so trinken.

4. Den Zitronensaft in den Rote-Bete-Gemüsesaft einrühren. Damit wird der Saft noch erfrischender und der Zitronensaft hilft auch, die Farbe des Saftes zu bewahren.

Gurken-Minz-Wasser

Zubereitungszeit: 10 Minuten + 2 Stunden Kühlzeit
Portionen: ca. 1 Liter Minz-Wasser

Zutaten:

- 1 Bio-Gurke, gewaschen und in Scheiben geschnitten
- 10 frische Minzblätter, gewaschen
- 1 Liter Wasser, gekühlt
- 2 EL Bio-Zitronensaft
- 1 TL Honig, optional

Zubereitung:

1. Nimm eine große Karaffe und fülle das kalte Wasser hinein.

2. Gib nun die Gurkenscheiben in die Karaffe. Du kannst die Scheiben vorher schälen, wenn du möchtest, aber das ist nicht notwendig.

3. Füge die Minzblätter hinzu. Um das Minzaroma zu intensivieren, kannst du die Blätter leicht zerdrücken, bevor du sie ins Wasser gibst.

4. Nun gib den Zitronensaft hinzu. Dieser sorgt für eine erfrischende Säure und hilft dabei, die Aromen der Gurke und Minze zu verstärken.

5. Falls du dein Gurken-Minz-Wasser leicht süßen möchtest, kannst du jetzt noch den Honig hinzufügen und alles gut umrühren, bis er sich aufgelöst hat.

6. Stelle die Karaffe für mindestens 2 Stunden in den Kühlschrank, damit die Aromen sich gut entfalten können.

7. Vor dem Genießen noch einmal umrühren und dann in ein Glas einschenken.

Karotten-Ingwer-Saft

Zubereitungszeit: 10 Minuten + 5 Minuten Ruhezeit
Portionen: ca. 250 ml Saft

Zutaten:

- 200 g frische Karotten, gewaschen und in grobe Stücke geschnitten
- 20 g frischer Ingwer, geschält und in Scheiben geschnitten
- 1 großer Apfel (ca. 180 g), gewaschen, entkernt und geviertelt
- 15 ml frischer Bio-Zitronensaft
- 250 ml Wasser, kalt
- 1 EL Honig, optional

Zubereitung:

1. Bereite zuerst deine Zutaten vor. Wasche die Karotten gründlich und schneide sie in grobe Stücke. Scheide den Ingwer in Scheiben und viertele den Apfel.

2. Gib die Karotten, den Ingwer und den Apfel in einen Entsafter. Solltest du keinen Entsafter haben, kannst du auch einen starken Mixer verwenden. Mixe alles gut durch, bis du einen feinen Brei hast.

3. Siebe den Brei in ein großes Glas oder eine Karaffe, um die faserigen Teile zu entfernen. Das kann etwas dauern, aber es lohnt sich für ein glattes Ergebnis.

4. Füge nun den Zitronensaft und das kalte Wasser hinzu. Rühre alles gut um.

5. Lass den Saft etwa 5 Minuten ruhen, damit sich die Aromen gut verbinden können.

6. Nach der Ruhezeit kannst du, falls gewünscht, den Saft mit einem EL Honig süßen. Rühre noch einmal gut um.

7. Serviere den Saft sofort oder bewahre ihn im Kühlschrank auf. Am besten schmeckt er gekühlt.

Smoothies

Sommerbeeren-Smoothie mit Haferflocken

Zubereitungszeit: 5 Minuten + 10 Minuten Kühlzeit
Portionen: ca. 400 ml Smoothie

Zutaten:

- 200 g gemischte Sommerbeeren, frisch oder gefroren, vorher gewaschen
- 50 g Haferflocken, vorher in Wasser eingeweicht
- 250 ml Mandelmilch
- 1 EL Leinsamen, frisch gemahlen
- 1 EL Chiasamen
- 1 TL Honig
- Eine Prise Zimt
- Eine Handvoll Eiswürfel

Zubereitung:

1. Die Haferflocken etwa 10 Minuten lang in etwas Wasser einweichen.

2. Während die Haferflocken einweichen, bereite die anderen Zutaten vor: Wasche die Sommerbeeren ab, falls sie frisch sind. Mische Leinsamen und Chiasamen in einer kleinen Schale.

3. Gib alle Zutaten - eingeweichte Haferflocken, Sommerbeeren, Mandelmilch, Leinsamen, Chiasamen, Honig, Zimt und Eiswürfel - in einen leistungsstarken Mixer.

4. Mixe alles gründlich bis zu einer glatten, cremigen Konsistenz. Je nach Vorliebe kannst du den Smoothie noch etwas dicker oder flüssiger gestalten, indem du mehr Mandelmilch oder Eiswürfel hinzufügst.

5. Nachdem alles gut vermischt ist, gieße den Smoothie in ein großes Glas und lasse ihn für etwa 10 Minuten im Kühlschrank abkühlen.

Grüner Detox-Smoothie mit Grünkohl und Zitrone

Zubereitungszeit: 10 Minuten
Portionen: ca. 500 ml Smoothie

Zutaten:

- 2 Handvoll frischer Grünkohl, grob zerkleinert
- 1 reife Banane, geschält und in Stücke geschnitten
- Saft und Schale einer frischen Bio-Zitrone, vorab gewaschen und geschnitten
- 1 TL Chiasamen
- 250 ml Kokoswasser, ungesüßt
- 1 kleiner Apfel, gewaschen und in Würfel geschnitten
- 1 kleiner daumengroßer Ingwer, geschält und in Scheiben geschnitten
- 1 EL Leinsamen
- 1 TL Kurkuma-Pulver
- 1 Prise schwarzer Pfeffer
- 2 EL frische Petersilie, gewaschen und grob gehackt

Zubereitung:

1. Nimm dir einen leistungsfähigen Mixer zur Hand.
2. Gib den Grünkohl, die Banane, den Apfel und den Ingwer hinein.
3. Drücke die Zitrone aus und reibe die Schale ab, gib beides in den Mixer.
4. Füge die Chiasamen, den Leinsamen und das Kurkuma hinzu.
5. Gib eine Prise schwarzen Pfeffer und die Petersilie in den Mixer.
6. Gieße das Kokoswasser hinein.
7. Starte den Mixer und lass ihn laufen, bis alles schön cremig und gut vermengt ist. Sollte der Smoothie zu dick sein, füge noch etwas Kokoswasser hinzu.
8. Schütte deinen grünen Detox-Smoothie in ein großes Glas. Genieße ihn sofort!

Erdbeer-Bananen-Protein-Smoothie

Zubereitungszeit: 5 Minuten + 2 Minuten Kühlzeit
Portionen: ca. 400 ml Smoothie

Zutaten:

- 150 g frische Erdbeeren, gewaschen und grün entfernt
- 1 reife Banane, geschält und in Scheiben geschnitten
- 30 g Vanille-Proteinpulver
- 200 ml ungesüßte Mandelmilch
- 1 EL Chiasamen
- 1 EL Leinsamen, gemahlen
- 1 TL Kurkuma-Pulver
- 1 Prise frisch gemahlener schwarzer Pfeffer
- Eiswürfel nach Belieben

Zubereitung:

1. Gib die Erdbeeren, die Bananenscheiben, das Protein-Pulver und die Mandelmilch in einen leistungsstarken Mixer.

2. Füge die Chia- und Leinsamen hinzu, gefolgt vom Kurkuma und einer Prise Pfeffer. Der Pfeffer hilft, die entzündungshemmende Wirkung des Kurkumas zu aktivieren.

3. Mixe alles zusammen, bis eine glatte Konsistenz erreicht ist. Je nach Vorliebe kannst du jetzt Eiswürfel hinzufügen und noch einmal kurz mixen.

4. Gieße den Smoothie in ein großes Glas und stelle es für etwa 2 Minuten in den Kühlschrank, damit er schön kühl wird.

5. Genieße deinen frischen, selbstgemachten Smoothie!

Blaubeer-Avocado-Smoothie

Zubereitungszeit: 10 Minuten
Portionen: ca. 450 ml Smoothie

Zutaten:

- 80 g frische Blaubeeren, gewaschen
- 1 reife Avocado, geschält und entkernt
- 240 ml ungesüßte Mandelmilch
- 1 EL Leinsamen, gemahlen
- 1 TL Honig, optional
- Eiswürfel nach Belieben

Zubereitung:

1. Füge zuerst die Mandelmilch in den Mixer. Dies sorgt dafür, dass die anderen Zutaten besser gemischt werden können.

2. Gib dann die frischen Blaubeeren und die reife Avocado dazu. Der Avocado verleiht dem Smoothie eine cremige Textur und erhöht die Nährstoffdichte.

3. Als nächstes kommen die Leinsamen. Sie liefern Omega-3-Fettsäuren, die für ihre entzündungshemmenden Eigenschaften bekannt sind.

4. Nun, wenn du möchtest, füge den Honig hinzu. Dieser Schritt ist optional, kann aber dazu beitragen, den Geschmack des Smoothies zu verstärken und ihn etwas süßer zu machen.

5. Füge die Eiswürfel hinzu, wenn du deinen Smoothie lieber kalt magst.

6. Mixe nun alle Zutaten etwa 1-2 Minuten lang, bis sie gut vermischt sind und der Smoothie eine cremige Konsistenz hat.

7. Schütte den fertigen Smoothie in ein Glas und genieße ihn sofort!

Kurkuma-Pfirsich-Smoothie

Zubereitungszeit: 5 Minuten + 10 Minuten Abkühlzeit
Portionen: ca. 500 ml Smoothie

Zutaten:

- 2 reife Pfirsiche, entkernt und in Würfel geschnitten
- 200 ml Mandelmilch, ungezuckert
- 1 EL Honig oder Agavendicksaft
- 1 TL frischer Kurkuma, gerieben
- 1/2 TL Ingwer, frisch gerieben
- 1 EL Chia-Samen, optional
- Eiswürfel, optional

Zubereitung:

1. Entkerne die Pfirsiche und schneide sie in Würfel.

2. Gib die Pfirsichwürfel, die Mandelmilch, den Honig (oder Agavendicksaft), den geriebenen Kurkuma und Ingwer in den Mixer.

3. Mixe alle Zutaten etwa 1 Minute lang auf hoher Stufe, bis sie gut vermischt und glatt sind. Wenn du magst, füge die Chia-Samen hinzu und mixe erneut kurz durch.

4. Lasse den Smoothie etwa 10 Minuten stehen, damit die Chia-Samen quellen können. Dieser Schritt ist optional, macht den Smoothie aber besonders sättigend.

5. Fülle den Smoothie in ein großes Glas und füge nach Wunsch Eiswürfel hinzu. Genieße den Smoothie frisch und kühl.

Apfel-Zimt-Haferflocken-Smoothie

Zubereitungszeit: 10 Minuten + 30 Minuten Kühlzeit
Portionen: ca. 500 ml Smoothie

Zutaten:

- 1 mittelgroßer Apfel, gewaschen, entkernt und in Stücke geschnitten
- 40 g Haferflocken, ungesüßt
- 240 ml Mandelmilch, ungesüßt
- 1 TL gemahlener Zimt
- 1 EL Honig oder Ahornsirup, optional
- 1 EL Chiasamen, optional
- Eine Prise Meersalz

Zubereitung:

1. Nimm die Haferflocken und gieße sie mit der Mandelmilch in eine Schüssel. Lass sie für etwa 30 Minuten quellen.

2. Nach dem Einweichen füge die Haferflocken-Mischung, Apfelstücke, Zimt, Honig oder Ahornsirup, Chiasamen und eine Prise Meersalz in einen Mixer.

3. Mixe alle Zutaten auf hoher Stufe, bis sie glatt und cremig sind. Wenn der Smoothie zu dick ist, füge ein wenig mehr Mandelmilch hinzu, bis die gewünschte Konsistenz erreicht ist.

4. Gieße den Smoothie in ein Glas und genieße ihn sofort oder stelle ihn für später in den Kühlschrank.

Mandel-Beeren-Smoothie

Zubereitungszeit: 10 Minuten + 2 Stunden Kühlzeit
Portionen: ca. 500 ml Smoothie

Zutaten:

- 100 g gemischte Beeren, frisch oder tiefgekühlt, aufgetaut
- 20 g Mandeln, in Stücken
- 200 ml Mandelmilch, kalt
- 1 EL Chiasamen
- 1 TL Honig oder Agavendicksaft, optional
- 1 EL Bio-Zitronensaft, frisch gepresst
- 5 g frischer Ingwer, fein gerieben

Zubereitung:

1. Bereite zuerst deine Beeren vor. Wenn sie tiefgekühlt sind, stelle sicher, dass sie vollständig aufgetaut sind, bevor du fortfährst.

2. Gib die Mandeln in einen Mixer und zerkleinere sie grob. Dann füge die Beeren, Mandelmilch, Chiasamen, Honig oder Agavendicksaft (falls du eine Süße bevorzugst), Zitronensaft und geriebenen Ingwer hinzu.

3. Mixe alle Zutaten zusammen, bis sie glatt und gut vermischt sind. Wenn du einen dickeren Smoothie bevorzugst, füge mehr Chiasamen hinzu. Wenn du einen dünneren Smoothie bevorzugst, füge mehr Mandelmilch hinzu.

4. Nachdem du deinen Smoothie gemixt hast, stelle ihn für mindestens 2 Stunden in den Kühlschrank. Das gibt den Chiasamen Zeit zum Quellen und verdickt den Smoothie.

5. Vor dem Servieren gut umrühren und eventuell mit ein paar zusätzlichen Beeren und Mandelstückchen garnieren.

Ingwer-Wassermelonen-Smoothie

Zubereitungszeit: 15 Minuten + 5 Minuten Ruhezeit
Portionen: ca. 500 ml Smoothie

Zutaten:

- 200 g Wassermelone, in Würfel geschnitten und kernlos
- 10 g frischer Ingwer, geschält und gerieben
- 150 ml Kokoswasser
- 1 EL frischer Bio-Zitronensaft
- 1 TL Chiasamen
- Eine Prise Meersalz
- Ein paar Minzblätter für die Garnierung, optional

Zubereitung:

1. Die Wassermelonenwürfel in den Mixer geben.

2. Den frisch geriebenen Ingwer hinzufügen.

3. Kokoswasser, Zitronensaft und eine Prise Meersalz hinzufügen.

4. Alles bei hoher Geschwindigkeit etwa 1 Minute lang mixen, bis ein glatter Smoothie entsteht.

5. Den Smoothie in ein Glas gießen und die Chiasamen hinzufügen. Alles gut umrühren.

6. Den Smoothie 5 Minuten stehen lassen, damit die Chiasamen aufquellen können. Dies verleiht deinem Smoothie eine angenehme Textur.

7. Nach der Ruhezeit deinen Smoothie mit einigen Minzblättern garnieren und genießen.

Himbeeren-Chia-Samen-Smoothie

Zubereitungszeit: 10 Minuten + 20 Minuten Ruhezeit
Portionen: ca. 500 ml Smoothie

Zutaten:

- 150 g frische Himbeeren
- 1 reife Banane, in Scheiben geschnitten
- 2 EL Chia-Samen
- 300 ml Mandelmilch, ungezuckert
- 1 EL Honig oder Ahornsirup, nach Belieben
- 1 TL Bio-Zitronensaft, frisch gepresst
- Eine kleine Handvoll Spinat, gewaschen

Zubereitung:

1. Lege die Himbeeren, die Bananenscheiben, den Spinat und die Chia-Samen in den Mixer.

2. Gib die Mandelmilch, den Honig (oder Ahornsirup) und den Zitronensaft dazu.

3. Mixe alle Zutaten auf höchster Stufe bis sie eine homogene, flüssige Konsistenz haben.

4. Lass den Smoothie 20 Minuten stehen, damit die Chia-Samen aufquellen und eine gelartige Konsistenz entwickeln können. Das gibt dem Smoothie eine angenehme Textur und macht ihn sättigender.

5. Nach der Ruhezeit, noch einmal kurz durchmischen und dann in ein Glas füllen.

Avocado-Kiwi-Grünkohl-Smoothie

Zubereitungszeit: 10 Minuten
Portionen: ca. 500 ml Smoothie

Zutaten:

- 1 reife Avocado, halbiert und entkernt
- 1 reife Kiwi, geschält
- 1 Handvoll Grünkohl, gründlich gewaschen und grob gehackt
- 200 ml Mandelmilch, ungesüßt
- 1 TL Chia-Samen
- 1 TL Honig, optional
- Einige Eiswürfel

Zubereitung:

1. Löffele das Fruchtfleisch aus der Avocadohälfte und gib es in den Mixer. Füge die geschälte Kiwi hinzu.

2. Gib den Grünkohl, die Chia-Samen und die Mandelmilch in den Mixer. Wenn du deinem Smoothie eine zusätzliche Süße verleihen möchtest, kannst du auch den Honig hinzufügen.

3. Mixe alle Zutaten für 1-2 Minuten auf hoher Stufe, bis eine gleichmäßige und cremige Konsistenz erreicht ist.

4. Füge die Eiswürfel hinzu und mixe erneut für etwa 30 Sekunden.

5. Gieße den Smoothie in ein großes Glas und genieße ihn sofort.

Aufstriche

Rote-Bete-Tahini-Aufstrich

Zubereitungszeit: 10 Minuten + 40 Minuten Backzeit
Portionen: ca. 250 ml Aufstrich

Zutaten:

- 2 mittelgroße Rote Bete, gewaschen und in Viertel geschnitten
- 2 EL natives Olivenöl extra
- Salz zum Abschmecken
- 50 g Tahini (Sesampaste)
- 1 EL Bio-Zitronensaft
- 1 kleine Knoblauchzehe, fein gehackt
- 1 TL Kreuzkümmel, gemahlen
- 1 EL Petersilie, fein gehackt
- 50 ml kaltes Wasser

Zubereitung:

1. Heize deinen Ofen auf 200 Grad vor. Vermische die Rote Bete Stücke mit dem Olivenöl und einer Prise Salz auf einem Backblech. Backe sie für 40 Minuten oder bis sie weich sind.

2. Lass die Rote Bete etwas abkühlen und gib sie dann in einen Mixer. Füge Tahini, Zitronensaft, gehackten Knoblauch und Kreuzkümmel hinzu. Püriere alles zu einer glatten Masse.

3. Gib nun das kalte Wasser hinzu und püriere erneut bis der Aufstrich die gewünschte Konsistenz erreicht hat. Falls der Aufstrich zu dick ist, kannst du noch etwas mehr Wasser hinzufügen.

4. Schmecke den Aufstrich mit Salz ab und rühre die gehackte Petersilie unter. Fertig ist dein Rote-Bete Aufstrich!

Kürbiskern-Pesto mit Basilikum

Zubereitungszeit: 15 Minuten + 1 Stunde Ruhezeit
Portionen: ca. 150 ml Pesto

Zutaten:

- 50 g Kürbiskerne, geröstet
- 20 g frischer Basilikum, grob gehackt
- 1 kleine Knoblauchzehe, fein gehackt
- 50 ml natives Olivenöl extra
- Salz und Pfeffer nach Geschmack
- 20 g Parmesan, gerieben

Zubereitung:

1. Die Kürbiskerne in einer Pfanne ohne Fett rösten, bis sie leicht gebräunt sind und aromatisch duften. Dann aus der Pfanne nehmen und abkühlen lassen.

2. Den grob gehackten Basilikum, die fein gehackte Knoblauchzehe, das Olivenöl, Salz und Pfeffer in einen Mixer geben.

3. Die abgekühlten Kürbiskerne hinzufügen und alles zusammen zu einer gleichmäßigen Paste verarbeiten. Bei Bedarf noch etwas Olivenöl hinzufügen, bis die gewünschte Konsistenz erreicht ist.

4. Das Pesto in eine Schüssel geben und den geriebenen Parmesan unterrühren.

5. Das Pesto sollte nun mindestens eine Stunde ruhen, damit sich die Aromen entfalten können.

6. Vor dem Servieren noch einmal abschmecken und eventuell nachwürzen.

Linsen-Aufstrich mit Knoblauch

Zubereitungszeit: 5 Minuten + 20 Minuten Kochzeit
Portionen: ca. 200 ml Aufstrich

Zutaten:

- 70 g rote Linsen, abgespült und abgetropft
- 2 Knoblauchzehen, geschält und fein gehackt
- 1 TL natives Olivenöl extra
- 1 EL Bio-Zitronensaft, frisch gepresst
- Salz und Pfeffer nach Geschmack
- 2 EL frische Petersilie, gehackt
- 200 ml Wasser

Zubereitung:

1. Gib die abgespülten roten Linsen in einen kleinen Topf und füge 200 ml Wasser hinzu. Bringe das Wasser zum Kochen und lasse die Linsen dann bei niedriger Hitze 15-20 Minuten köcheln, bis sie weich sind und das Wasser aufgesogen haben. Lasse sie danach etwas abkühlen.

2. Erhitze in der Zwischenzeit in einer kleinen Pfanne das Olivenöl. Füge den gehackten Knoblauch hinzu und dünste ihn, bis er leicht gebräunt und aromatisch ist.

3. Lege die gekochten Linsen, den gedünsteten Knoblauch, den Zitronensaft, Salz und Pfeffer in einen Mixer. Mixe alles zu einer gleichmäßigen Masse. Falls der Aufstrich zu dick ist, kannst du etwas Wasser hinzufügen.

4. Gib den Aufstrich in eine Schüssel und rühre die gehackte Petersilie unter. Schmecke ihn ab und würze bei Bedarf nach.

5. Lasse den Aufstrich vor dem Servieren mindestens eine Stunde im Kühlschrank durchziehen. Er schmeckt sehr gut auf frischem Brot oder als Dip zu Gemüsesticks. Guten Appetit!

Paprika-Feta-Aufstrich

Zubereitungszeit: 10 Minuten + 2 Stunden Ruhezeit
Portionen: ca. 250 ml Aufstrich

Zutaten:

- 1 rote Paprika, gewaschen und in grobe Stücke geschnitten
- 100 g Feta-Käse, zerbröselt
- 1 kleine Knoblauchzehe, fein gehackt
- 2 EL natives Olivenöl extra
- 1 TL frischer Bio-Zitronensaft
- Eine Prise Meersalz
- Eine Prise frisch gemahlener schwarzer Pfeffer
- Frische Kräuter zum Garnieren, optional

Zubereitung:

1. Die rote Paprika in eine kleine Pfanne geben und bei mittlerer Hitze einige Minuten anbraten, bis sie weich ist.

2. Die weiche Paprika, den zerbröselten Feta-Käse, die fein gehackte Knoblauchzehe, das Olivenöl und den frischen Zitronensaft in einen Mixer geben.

3. Die Mischung pulsieren lassen, bis sie glatt und cremig ist.

4. Die Aufstrichmischung mit Salz und Pfeffer abschmecken. Bei Bedarf weitere Zutaten hinzufügen.

5. Den Aufstrich in ein Glas füllen und mindestens 2 Stunden im Kühlschrank ruhen lassen, damit die Aromen sich verbinden können.

6. Vor dem Servieren den Aufstrich aus dem Kühlschrank nehmen und auf Raumtemperatur erwärmen lassen.

7. Mit frischen Kräutern garnieren und auf frisch gebackenem Brot servieren.

Auberginen-Aufstrich mit Olivenöl

Zubereitungszeit: 15 Minuten + 30 Minuten Backzeit
Portionen: ca. 200 ml Aufstrich

Zutaten:

- 1 mittelgroße Aubergine, ca. 200 g, gewaschen und in Scheiben geschnitten
- 2 EL natives Olivenöl extra
- 1 Knoblauchzehe, geschält und fein gehackt
- Saft von 1/2 Bio-Zitrone, frisch gepresst
- 1 TL Kreuzkümmel, gemahlen
- Salz und Pfeffer nach Geschmack
- Ein paar Blätter frisches Basilikum, gewaschen und fein gehackt, optional

Zubereitung:

1. Heize den Backofen auf 200 Grad vor.

2. Lege die Auberginenscheiben auf ein mit Backpapier ausgelegtes Backblech und beträufle sie mit 1 EL Olivenöl. Würze mit Salz und Pfeffer.

3. Backe die Auberginenscheiben etwa 30 Minuten im Ofen, bis sie weich und leicht gebräunt sind.

4. Während die Auberginen im Ofen sind, erhitze den restlichen EL Olivenöl in einer kleinen Pfanne. Füge den gehackten Knoblauch hinzu und dünste ihn, bis er duftet und leicht goldbraun ist. Stelle dann die Pfanne zur Seite.

5. Nimm die Auberginenscheiben aus dem Ofen und lasse sie kurz abkühlen.

6. Gib die Auberginen, den Knoblauch, den Zitronensaft, den Kreuzkümmel und eine Prise Salz und Pfeffer in eine Küchenmaschine oder einen Mixer. Mixe alles, bis ein cremiger Aufstrich entsteht.

7. Schmecke den Aufstrich ab und füge bei Bedarf mehr Salz, Pfeffer oder Zitronensaft hinzu.

8. Streue vor dem Servieren optional ein paar frisch gehackte Basilikumblätter über den Aufstrich.

Zitronen-Avocado-Creme

Zubereitungszeit: 10 Minuten + 30 Minuten Kühlen
Portionen: ca. 200 ml Creme

Zutaten:

- 1 reife Avocado, entkernt und geschält
- Saft und Schale einer Bio-Zitrone
- 2 EL Honig
- 1 EL natives Olivenöl extra
- 1 Prise Salz
- 1 Prise frisch gemahlener schwarzer Pfeffer
- 2 EL frischer Basilikum, fein gehackt

Zubereitung:

1. Schneide die Avocado auf, entferne den Kern und löffle das Fruchtfleisch in eine Schüssel.

2. Wasche die Zitrone gründlich und reibe die Schale ab. Press danach den Saft aus und füge beides zur Avocado hinzu.

3. Füge den Honig, das Olivenöl, das Salz und den Pfeffer zur Schüssel hinzu.

4. Püriere alles mit einem Stabmixer zu einer cremigen Masse. Achte darauf, dass keine Stückchen mehr vorhanden sind.

5. Rühre den gehackten Basilikum unter die Avocado-Zitronen-Creme.

6. Lasse die Creme mindestens 30 Minuten im Kühlschrank ziehen, damit sie noch aromatischer wird.

7. Vor dem Servieren rühre die Creme noch einmal gut durch. Sie passt perfekt auf ein Stück frisches Brot oder als Dip zu Gemüsesticks.

Karotten-Aufstrich mit Kurkuma

Zubereitungszeit: 10 Minuten + 20 Minuten Kochzeit
Portionen: ca. 200 ml Aufstrich

Zutaten:

- 200 g Karotten, gewaschen, geschält und grob gehackt
- 2 TL Kurkuma
- 2 EL natives Olivenöl extra
- 1 kleine rote Zwiebel, gewürfelt
- 1 EL frischer Ingwer, gerieben
- 1 TL Kreuzkümmel
- Salz nach Geschmack
- 50 ml Bio-Orangensaft
- 2 EL gehackte frische Petersilie

Zubereitung:

1. Setze einen Topf mit Wasser auf den Herd und bringe es zum Kochen. Füge die gehackten Karotten hinzu und koche sie weich, das dauert etwa 15-20 Minuten.

2. In der Zwischenzeit erhitze das Olivenöl in einer Pfanne. Füge die Zwiebelwürfel hinzu und brate sie an, bis sie glasig sind.

3. Füge den geriebenen Ingwer, den Kreuzkümmel und die Kurkuma zur Pfanne hinzu und rühre alles gut um.

4. Wenn die Karotten weich sind, gieße das Wasser ab und lasse sie etwas abkühlen.

5. Gib die Karotten, die Gewürzmischung, den Orangensaft und das Salz in einen Mixer. Mixe alles zu einer glatten Paste.

6. Gib den Aufstrich in eine Schale und mische die gehackte Petersilie unter.

Grünkohl-Pesto mit Mandeln

Zubereitungszeit: 15 Minuten + 1 Stunde Abkühlzeit
Portionen: ca. 150 ml Pesto

Zutaten:

- 100 g Grünkohl, gewaschen und ohne Stiele
- 50 g Mandeln, geröstet
- 2 Knoblauchzehen, geschält
- 30 ml natives Olivenöl extra
- Saft von 1/2 Bio-Zitrone
- Salz und Pfeffer nach Geschmack
- 50 g Parmesan, gerieben

Zubereitung:

1. Bring Wasser in einem mittelgroßen Topf zum Kochen. Gib den Grünkohl hinein und blanchiere ihn 2 Minuten lang, um ihn leicht aufzuweichen. Spüle ihn anschließend unter kaltem Wasser ab und drücke das überschüssige Wasser heraus.

2. Gib den Grünkohl, die gerösteten Mandeln und die geschälten Knoblauchzehen in den Behälter eines Standmixers oder einer Küchenmaschine.

3. Schalte den Mixer auf niedrige Geschwindigkeit und gieße langsam das Olivenöl hinein. Sobald das Olivenöl eingearbeitet ist, erhöhe die Geschwindigkeit auf mittel und mixe, bis eine grobe Paste entsteht.

4. Füge den Zitronensaft und den Parmesan hinzu und würze mit Salz und Pfeffer. Mixe alles noch einmal, bis alles gut vermischt ist.

5. Lass das Pesto im Kühlschrank abkühlen, bevor du es verwendest.

Sonnengetrocknete Tomaten-Tapenade

Zubereitungszeit: 10 Minuten + 20 Minuten Ruhezeit
Portionen: ca. 200 ml Tapenade

Zutaten:

- 50 g sonnengetrocknete Tomaten in Öl, abgetropft
- 1 kleine Knoblauchzehe, geschält und fein gehackt
- 20 g entsteinte Kalamata-Oliven
- 1 EL Kapern, abgespült und abgetropft
- 1 TL frischer Thymian, fein gehackt
- 1 EL frisch gepresster Bio-Zitronensaft
- 2 EL natives Olivenöl extra
- Salz und frisch gemahlener schwarzer Pfeffer zum Abschmecken

Zubereitung:

1. Gib die sonnengetrockneten Tomaten, den gehackten Knoblauch, die Kalamata-Oliven, Kapern und den frischen Thymian in eine Küchenmaschine.

2. Drücke kurz den Impuls-Knopf der Küchenmaschine, um die Zutaten zu zerkleinern. Es sollte nicht zu fein sein, sondern eine texturierte Paste ergeben.

3. Füge den frisch gepressten Zitronensaft und das Olivenöl hinzu. Würze mit Salz und Pfeffer nach Geschmack. Nochmal kurz pulsieren lassen, bis alles gut vermischt ist.

4. Gib die Tapenade in eine Schüssel und lass sie etwa 20 Minuten ruhen, damit sich die Aromen entwickeln können.

5. Serviere die Tapenade mit deinem Lieblingsbrot oder als Beilage zu gegrilltem Fleisch oder Fisch.

Süßkartoffel-Aufstrich mit Zimt

Zubereitungszeit: 10 Minuten + 45 Minuten Backzeit
Portionen: ca. 250 ml Aufstrich

Zutaten:

- 1 mittelgroße Süßkartoffel, geschält und gewürfelt
- 2 EL natives Olivenöl extra
- 1 TL gemahlener Zimt
- Salz nach Geschmack
- 1 TL Ahornsirup
- 50 ml Bio-Orangensaft, frisch gepresst

Zubereitung:

1. Heize den Ofen auf 200 Grad vor. Lege die gewürfelte Süßkartoffel auf ein Backblech und beträufle sie mit 1 EL Olivenöl. Streue etwas Salz darüber und mische alles gut durch.

2. Backe die Süßkartoffel etwa 45 Minuten, bis sie schön weich und etwas karamellisiert ist. Nimm sie dann aus dem Ofen und lass sie etwas abkühlen.

3. Gib die abgekühlte Süßkartoffel in einen Mixer oder eine Küchenmaschine. Füge den restlichen EL Olivenöl, den Zimt, den Ahornsirup und den Orangensaft hinzu. Mixe alles, bis ein glatter Aufstrich entsteht. Falls der Aufstrich zu dick ist, kannst du noch etwas Orangensaft hinzufügen.

4. Schmecke den Aufstrich ab und füge bei Bedarf noch etwas Salz hinzu. Lass den Aufstrich vor dem Servieren noch etwas im Kühlschrank durchziehen.

Schlusswort

Liebe Leserin, lieber Leser,

nun sind wir am Ende dieses Buches angekommen. Ich habe dich mit auf diese Reise genommen, in der Hoffnung, dir zu zeigen, wie kraftvoll die richtige Ernährung sein kann. Du hast nun einen Einblick in die Vielfalt der entzündungshemmenden Ernährung erhalten. Ich hoffe, dass ich dir das Wissen geben konnte, um deine Ernährungsentscheidungen bewusster und informierter zu treffen.

Jetzt, da du über das notwendige Wissen verfügst, liegt es an dir, diese Prinzipien in deinem Alltag umzusetzen. Ich hoffe, dass dieses Buch dir als Inspirationsquelle dient und du mit Freude und Begeisterung eine Vielzahl von Rezepten ausprobierst und vielleicht sogar eigene kreierst.

Ich danke dir von Herzen, dass du dir die Zeit genommen hast, mein Buch zu lesen und hoffe, dass du es als hilfreich empfunden hast. Doch vergiss bitte nicht: Dies ist nicht das Ende deiner Reise, sondern hoffentlich erst der Anfang. In der Welt der Ernährung gibt es immer Neues zu entdecken und zu lernen. Bleib weiterhin offen und neugierig!

Mit den besten Wünschen für deine Gesundheit und dein Wohlbefinden,

Deine Nina Schulz

Basische Ernährung

Vorwort

Liebe Leserin, lieber Leser,

ich freue mich sehr darüber, dass du dich für mein Buch entschieden hast. Die basische Ernährung ist mehr als nur ein Trend – es ist eine lebensverändernde Art zu essen, die dich unterstützt, dich vitaler und gesünder zu fühlen. Als ich das erste Mal von der basischen Ernährung hörte, war ich sofort fasziniert. Ich wollte wissen, wie ich diese Ernährungsform in meinen Alltag integrieren könnte, und was es für mich bedeuten würde. Seitdem habe ich gelernt, was es heißt, sich basisch zu ernähren. Es ist meine Leidenschaft geworden, und ich freue mich, diese Leidenschaft mit dir teilen zu dürfen.

Ich habe dieses Buch so gestaltet, dass es dir den Einstieg in die basische Ernährung so einfach wie möglich macht. Du findest hier nicht nur eine Vielzahl an leckeren Rezepten, sondern auch hilfreiche Tipps und Tricks, wie du die basische Ernährung erfolgreich in deinen Alltag integrieren kannst. Und falls du gerade erst beginnst, dich mit der basischen Ernährung auseinanderzusetzen, gibt es ausführliche Kapitel zu den Grundlagen, die dir einen einfachen Einstieg ermöglichen.

Gemeinsam tauchen wir ein in die Welt der basischen Lebensmittel und schauen uns an, welche positiven Auswirkungen sie auf unseren Körper haben. Von dort aus führe ich dich Schritt für Schritt durch die verschiedenen Phasen der Umstellung auf eine basische Ernährung. Dabei gehe ich auf mögliche Herausforderungen ein und teile meine besten Strategien, um diese zu meistern.

Ich wünsche dir viel Spaß beim Lesen, Entdecken und Ausprobieren!

Herzliche Grüße,

Deine Nina Schulz

Grundwissen

Basische Ernährung – was ist das eigentlich?

Die basische Ernährung, auch als alkalische Ernährung bekannt, ist ein Konzept, das darauf abzielt, den Säure-Basen-Haushalt des Körpers zu optimieren. „Basen" und „Säuren" sind Begriffe aus der Chemie, die sich auf den pH-Wert einer Substanz beziehen. Der pH-Welt unseres Körpers ist eine feine und sensible Balance – und eine, die wir mit unserer Ernährung stark beeinflussen können.

Ein grundlegendes Prinzip der basischen Ernährung ist es, Lebensmittel zu bevorzugen, die als basenbildend gelten. Sie enthalten bestimmte Mineralstoffe, die bei der Verdauung dazu führen, dass der pH-Wert des Blutes eher basisch wird. Dazu gehören beispielsweise viele Obst- und Gemüsesorten, Nüsse und Samen, während tierische Produkte, Getreide und verarbeitete Lebensmittel eher säurebildend wirken.

Doch bevor du jetzt die Äpfel und Mandeln herausholst und alle Lebensmittel, die säurebildend sind, aus deinem Küchenschrank verbannst, muss ich etwas klarstellen: Die basische Ernährung bedeutet nicht, dass du säurebildende Lebensmittel völlig meiden musst. Das wäre nicht nur schwierig, sondern auch nicht unbedingt gesund. Es geht vielmehr darum, ein Gleichgewicht zu finden und darauf zu achten, dass deine Ernährung hauptsächlich aus basenbildenden Lebensmitteln besteht.

Es ist interessant zu bemerken, dass das Prinzip der basischen Ernährung nicht unbedingt etwas mit dem tatsächlichen pH-Wert der Lebensmittel selbst zu tun hat. Zitronen zum Beispiel sind sehr sauer, aber sie wirken im Körper basisch, weil sie basische Mineralien wie Kalium, Calcium und Magnesium enthalten. Diese Mineralien helfen dem Körper, überschüssige Säuren zu neutralisieren.

Ein weiterer wichtiger Punkt ist, dass es bei der basischen Ernährung nicht nur um die Auswahl der Lebensmittel geht. Auch die Zubereitung spielt eine entscheidende Rolle. Rohes oder schonend gegartes Gemüse behält beispielsweise mehr seiner basischen Mineralien als stark gekochtes oder gebratenes. Ein kleiner Tipp hier: Verwende das Kochwasser von Gemüse, wann immer es möglich ist, in Suppen oder Soßen, um die darin gelösten Mineralien nicht zu verschwenden.

Auch die Kombination von Lebensmitteln kann einen Unterschied machen. Einige Lebensmittel können, wenn sie zusammen gegessen werden, basischer wirken, als wenn sie alleine gegessen werden. Zum Beispiel kann das Hinzufügen von etwas Zitronensaft zu einem Gericht helfen, die basenbildende Wirkung zu erhöhen.

Die Grundidee der basischen Ernährung basiert auf der Annahme, dass unsere Vorfahren sich hauptsächlich von Wildpflanzen, Wurzeln, Beeren und gelegentlich erbeutetem Fleisch ernährten – Lebensmittel, die tendenziell eher basisch sind. Mit der Entwicklung der Landwirtschaft und der zunehmenden Verfügbarkeit von Getreide und Milchprodukten veränderte sich die Ernährung hin zu mehr säurebildenden Lebensmitteln. Noch drastischer wurde dieser Wandel mit der industriellen Revolution und der zunehmenden Verbreitung von verarbeiteten Lebensmitteln, Zucker und Fleisch.

Unsere heutige Ernährungsweise enthält oft einen hohen Anteil an säurebildenden Lebensmitteln, die den Säure-Basen-Haushalt des Körpers stören können. Diese Verschiebung in Richtung Säure kann dazu führen, dass der Körper hart arbeiten muss, um das Gleichgewicht zu wahren. Dies kann auf Dauer verschiedene gesundheitliche Probleme verursachen, darunter Müdigkeit, Verdauungsprobleme und eine erhöhte Anfälligkeit für Krankheiten.

Der pH-Wert

Im Kontext der basischen Ernährung ist es absolut essenziell, das Konzept des pH-Werts zu verstehen. Dieses winzige Detail der Chemie, das in den Klassenräumen der Mittelstufe unterrichtet wird, hat tiefgreifende Auswirkungen auf deine Gesundheit und dein Wohlbefinden. Der Begriff „pH-Wert" steht für „Potenz Hydrogenii" und ist ein Maß dafür, wie sauer oder alkalisch, das heißt basisch, eine Lösung ist. Er wird auf einer Skala von 0 bis 14 gemessen, wobei 7 neutral ist. Ein pH-Wert unter 7 weist auf eine saure Umgebung hin, während ein pH-Wert über 7 eine basische oder alkalische Umgebung anzeigt.

Stell dir den pH-Wert als eine Art Thermometer für den Gesundheitszustand deines Körpers vor. Ähnlich wie ein Thermometer, das die Temperatur in deiner Umgebung misst, kann der pH-Wert Auskunft darüber geben, ob dein Körper in einem Zustand der Gesundheit oder der Krankheit ist. Doch während das Thermometer gradgenaue Werte liefert, ist der pH-Wert eine logarithmische Maßeinheit, was bedeutet, dass eine Änderung um eine einzige Einheit auf der Skala tatsächlich eine zehnfache Veränderung der Säure- oder Basizität darstellt. Daher sind sogar kleine Veränderungen des pH-Werts signifikant!

Dein Körper tut alles, was er kann, um den pH-Wert deines Blutes konstant zwischen 7,35 und 7,45 zu halten, einen Bereich, der leicht alkalisch oder basisch ist. Dieser Bereich ist ideal für die meisten chemischen Reaktionen, die in deinem Körper stattfinden. Und obwohl du diese chemischen Reaktionen nicht sehen oder fühlen kannst, beeinflussen sie alles, von deiner Verdauung über deine Gehirnfunktion bis hin zu deinem Immunsystem und deinem Energielevel.

Wenn du vorwiegend säurebildende Lebensmittel zu dir nimmst, kann dies den pH-Wert deines Blutes in den sauren Bereich drücken und deinen Körper zwingen, die Säuren zu neutralisieren, um den pH-Wert wieder in den optimalen Bereich zu bringen. Dies kann zu einer Belastung deines Körpers führen und auf Dauer deine Gesundheit beeinträchtigen.

Wie messe ich den pH-Wert?

Wenn du nun neugierig geworden bist und wissen möchtest, wie der pH-Wert deines Körpers aussieht, gibt es gute Nachrichten. Es ist ziemlich einfach, den pH-Wert deines Körpers zu Hause zu messen. Alles, was du brauchst, sind pH-Teststreifen, die in Apotheken oder online erhältlich sind.

Um den pH-Wert zu messen, tauchst du einfach einen Teststreifen in eine Probe deines Speichels oder Urins und vergleichst dann die Farbe des Streifens mit der auf der Verpackung angegebenen Farbskala. Das gibt dir einen groben Anhaltspunkt dafür, ob dein Körper sauer oder basisch ist.

Es ist jedoch wichtig zu wissen, dass diese Messungen nicht absolut genau sind und Schwankungen unterliegen können, abhängig von einer Reihe von Faktoren wie der Tageszeit, dem Hydratationszustand und der kürzlich verzehrten Nahrung. Sie sollten daher eher als grober Anhaltspunkt und nicht als exakte Messung angesehen werden.

Der Säure-Basen-Haushalt: Die entscheidende Balance im Körper

Die Hauptaufgabe des Säure-Basen-Haushalts ist die Regulierung des pH-Werts in deinem Körper. Wie wir bereits besprochen haben, ist der pH-Wert eine Messung dafür, wie sauer oder basisch eine Lösung ist, und ein ausgewogener pH-Wert ist entscheidend für die Gesundheit und das Wohlbefinden.

Es ist wichtig zu wissen, dass verschiedene Teile deines Körpers unterschiedliche pH-Werte haben. Der Magen zum Beispiel ist sehr sauer, um Nahrung verdauen zu können, während das Blut leicht basisch sein sollte. Wenn das Blut zu sauer wird, spricht man von einer Azidose. Wenn es zu basisch wird, spricht man von einer Alkalose. Beide Zustände können gesundheitsschädlich sein und sollten vermieden werden.

Dein Körper hat mehrere Mechanismen, um den pH-Wert zu regulieren und zu gewährleisten, dass er im optimalen Bereich bleibt. Diese Mechanismen sind Teil deines Säure-Basen-Haushalts. Die wichtigsten Mechanismen sind die Atmung, die Ausscheidung von Säure oder Base über die Nieren und die Puffersysteme im Blut.

Die Atmung

Die Atmung spielt eine Schlüsselrolle im Säure-Basen-Haushalt. Wenn du einatmest, nimmst du Sauerstoff auf, den dein Körper zur Energiegewinnung benötigt. Wenn du ausatmest, entfernst du Kohlendioxid aus deinem Körper, ein Nebenprodukt des Stoffwechsels, das, wenn es sich ansammelt, deinen pH-Wert senken und ihn saurer machen kann.

Wenn dein Körper zu sauer wird, kann deine Atmung schneller und tiefer werden, um mehr Kohlendioxid loszuwerden und den pH-Wert zu erhöhen. Wenn dein Körper hingegen zu basisch wird, kann deine Atmung langsamer und flacher werden, um das Kohlendioxid im Körper zu erhöhen und den pH-Wert zu senken. Dies ist ein schneller, aber kurzfristiger Weg, um deinen pH-Wert zu regulieren.

Die Nieren

Die Nieren spielen ebenfalls eine wichtige Rolle im Säure-Basen-Haushalt. Sie sind in der Lage, Säuren und Basen auszuscheiden und so den pH-Wert zu regulieren. Sie tun dies durch die Produktion von Urin, der Säuren oder Basen enthält, abhängig davon, was dein Körper gerade braucht.

Wenn dein Körper zu sauer wird, produzieren die Nieren mehr basischen Urin, um die überschüssige Säure auszuscheiden. Wenn dein Körper hingegen zu basisch wird, produzieren die Nieren mehr sauren Urin, um die überschüssige Base auszuscheiden. Dies ist ein langsamerer, aber länger anhaltender Weg, um deinen pH-Wert zu regulieren.

Puffersysteme

Dein Körper hat auch verschiedene Puffersysteme, die helfen, den pH-Wert in deinem Blut zu regulieren. Puffer sind Substanzen, die überschüssige Säuren oder

Basen binden können, um starke Schwankungen im pH-Wert zu verhindern. Es gibt mehrere Puffersysteme im Körper, darunter das Bicarbonat-Puffersystem, das Phosphat-Puffersystem und das Protein-Puffersystem.

Das Bicarbonat-Puffersystem ist das wichtigste Puffersystem im menschlichen Körper. Es besteht aus Bicarbonat-Ionen, die Basen sind, und Kohlensäure, die eine schwache Säure ist. Wenn der pH-Wert in deinem Blut sinkt und zu sauer wird, binden die Bicarbonat-Ionen die überschüssige Säure, um ihn zu erhöhen. Wenn der pH-Wert in deinem Blut steigt und zu basisch wird, kann die Kohlensäure in Wasser und Kohlendioxid zerfallen, um ihn zu senken.

Ernährung

Deine Ernährung kann auch deinen Säure-Basen-Haushalt und deinen pH-Wert beeinflussen. Wie wir bereits besprochen haben, produzieren einige Lebensmittel, wenn sie verdaut werden, mehr Säuren, während andere mehr Basen produzieren. Eine Ernährung, die reich an säurebildenden Lebensmitteln ist, kann dazu führen, dass dein Körper saurer wird. Eine Ernährung, die reich an basischen Lebensmitteln ist, kann dazu beitragen, dass dein Körper basischer wird.

Beachte, dass dein Körper gut ausgestattet ist, um deinen pH-Wert zu regulieren, und dass eine unausgewogene Ernährung nur eine von vielen möglichen Ursachen für einen unausgewogenen pH-Wert ist. Andere Faktoren wie Stress, Bewegungsmangel oder bestimmte medizinische Zustände können ebenfalls dazu beitragen.

Tipps für eine ausgewogene Säure-Basen-Balance

- **Trinke ausreichend Wasser:** Wasser hilft, Säuren und Basen in deinem Körper zu transportieren und unterstützt deine Nieren bei der Ausscheidung von überschüssigen Säuren und Basen.

- **Ernähre dich ausgewogen:** Eine Ernährung, die reich an Obst, Gemüse, Vollkornprodukten und mageren Proteinen ist, kann dazu beitragen, einen ausgewogenen pH-Wert zu unterstützen.

- **Bewege dich regelmäßig:** Regelmäßige Bewegung hilft dabei, Kohlendioxid aus deinem Körper zu entfernen und kann dazu beitragen, einen ausgewogenen pH-Wert zu unterstützen.

- **Vermeide Stress:** Chronischer Stress kann dazu führen, dass dein Körper mehr Säure produziert. Versuche daher, Stress abzubauen, indem du Techniken wie Yoga, Meditation oder tiefe Atemübungen anwendest.

- **Überprüfe deine Medikamente:** Einige Medikamente können deinen pH-Wert beeinflussen. Wenn du regelmäßig Medikamente einnimmst, sprich mit deinem Arzt darüber, ob sie deinen pH-Wert beeinflussen könnten.

Vorteile

Förderung von gesunder Haut

Die Haut ist das größte Organ deines Körpers und spiegelt oft die innere Gesundheit wider. Ein ausgewogener Säure-Basen-Haushalt kann dazu beitragen, eine gesunde, strahlende Haut zu fördern. Eine Ernährung, die reich an basischen Lebensmitteln wie Gemüse und Früchten ist, liefert wichtige Nährstoffe, die die Hautgesundheit fördern, darunter Vitamine, Mineralien und Antioxidantien. Gleichzeitig kann eine basische Ernährung helfen, Entzündungen im Körper zu reduzieren, die zu Hautproblemen wie Akne oder Rosacea führen können.

Steigerung der Energie

Eine Übersäuerung des Körpers kann zu Müdigkeit und Erschöpfung führen. Indem du eine basische Ernährung einhältst und deinen Säure-Basen-Haushalt ausbalancierst, kannst du einen natürlichen Energieschub erleben. Basische Lebensmittel wie grünes Blattgemüse, Nüsse und Samen sind reich an Nährstoffen, die die Energieproduktion in deinen Zellen fördern, wie B-Vitamine und Magnesium.

Unterstützung des Immunsystems

Ein ausgeglichener pH-Wert unterstützt ein gesundes Immunsystem, indem er ein günstiges Umfeld für die guten Bakterien in deinem Darm schafft. Diese guten Bakterien spielen eine wichtige Rolle bei der Stärkung deiner Immunität und helfen, dich gegen Krankheitserreger zu schützen. Zudem können basische Lebensmittel, die reich an Vitamin C, Zink und anderen Immun-Boostern sind, dazu beitragen, dein Immunsystem zu stärken.

Verbesserung der Knochengesundheit

Säurebildende Lebensmittel, insbesondere solche, die reich an tierischem Protein sind, können den Calciumspiegel in deinem Körper senken, da Calcium benötigt wird, um die Säure im Körper zu neutralisieren. Mit der Zeit kann dies zu einem Abbau der Knochenmasse führen und das Risiko für Osteoporose erhöhen. Eine basische Ernährung, die reich an Gemüse und Obst ist, kann dazu beitragen, die Calciumspiegel in deinem Körper zu erhalten und deine Knochengesundheit zu verbessern.

Förderung der Gewichtsabnahme

Säurebildende Lebensmittel, vor allem solche, die reich an raffinierten Kohlenhydraten und Zucker sind, können zur Gewichtszunahme beitragen. Dagegen enthalten basische Lebensmittel wie Obst, Gemüse, Nüsse und Samen in der Regel weniger Kalorien und sind reich an Ballaststoffen, die dich satt machen und Heißhungerattacken vorbeugen können. Daher kann eine Umstellung auf eine basische Ernährung dazu beitragen, die Kalorienaufnahme zu reduzieren und das Gewichtsmanagement zu erleichtern.

Lebensmittel

Basenbildende Lebensmittel

Obst

Du weißt sicher, dass Obst von Natur aus viele Vitamine, Mineralien und Antioxidantien enthält. Was vielleicht weniger bekannt ist: die meisten Obstsorten wirken im Körper auch basenbildend. Das liegt an den Mineralstoffen, die sie enthalten, insbesondere Kalium, Kalzium und Magnesium. Beispiele für besonders basische Früchte sind Bananen, Äpfel, Beeren, Melonen und Zitrusfrüchte.

Bananen beispielsweise enthalten viel Kalium, das hilft, überschüssige Säuren im Körper zu neutralisieren. Darüber hinaus liefern sie eine gute Portion Ballaststoffe, die für eine gesunde Verdauung wichtig sind. Ein weiterer Pluspunkt: Sie lassen sich leicht in den Alltag integrieren – ob als Snack für zwischendurch, im Smoothie oder als Basis für ein gesundes Dessert.

Die meisten Beeren sind ebenfalls basenbildend und punkten zusätzlich mit hohen Gehalten an Antioxidantien. Sie helfen dabei, freie Radikale im Körper zu neutralisieren und unterstützen so das Immunsystem. Erwähnenswert sind hier vor allem Heidelbeeren, die neben ihrem basischen Charakter eine Fülle von gesundheitsfördernden Eigenschaften besitzen.

Gemüse

In der Kategorie Gemüse findest du ebenfalls viele basenbildende Lebensmittel. Zu den basischsten Gemüsesorten gehören grünes Blattgemüse, Brokkoli, Sellerie, Gurken, Zucchini und Paprika. Sie enthalten große Mengen an basischen Mineralstoffen wie Kalium, Kalzium und Magnesium, die dazu beitragen, den Säure-Basen-Haushalt auszugleichen.

Besonders hervorheben möchte ich hier grünes Blattgemüse wie Spinat, Mangold und Grünkohl. Sie sind wahre Mineralstoffbomben und punkten zudem mit einem hohen Gehalt an Vitamin K, einem Vitamin, das für die Knochengesundheit essenziell ist. Eine Schüssel gemischter Salat oder eine Portion grünes Blattgemüse zum Mittag- oder Abendessen ist daher eine gute Strategie, um den Basenanteil in der Ernährung zu erhöhen.

Nüsse und Samen

Viele Nüsse und Samen wirken ebenfalls basenbildend. Dazu zählen unter anderem Mandeln, Leinsamen, Sesamsamen und Kürbiskerne. Sie sind reich an gesunden Fetten und enthalten wertvolle Mineralstoffe. Mandeln beispielsweise enthalten viel Kalzium und Magnesium, zwei basische Mineralien, die für die Knochengesundheit wichtig sind.

Kürbiskerne sind eine ausgezeichnete Quelle für Zink, ein wichtiges Spurenelement, das unter anderem für ein funktionierendes Immunsystem benötigt wird. Zudem enthalten sie viel Magnesium und Kalium, zwei basische Mineralien.

Tipp: Integriere regelmäßig eine Handvoll Nüsse oder Samen in deinen Speiseplan. Sie eignen sich hervorragend als Snack für zwischendurch, lassen sich aber auch gut in Salate oder Müslis einarbeiten.

Getreide und Pseudogetreide

Auch einige Getreidearten und Pseudogetreide können im Körper eine basische Wirkung entfalten. Dazu gehören beispielsweise Quinoa, Buchweizen und Hirse. Sie enthalten eine gute Mischung aus basischen Mineralstoffen und sorgen zudem für eine langanhaltende Sättigung.

Quinoa ist eine hervorragende Quelle für pflanzliches Protein und enthält alle essenziellen Aminosäuren. Darüber hinaus liefert es eine gute Menge an basischen Mineralstoffen wie Magnesium und Kalium. Buchweizen ist eine gute Quelle für die Vitamine B1 und B2 sowie für Eisen. Und auch Hirse hat einiges zu bieten: Sie ist reich an Silizium, einem Spurenelement, das für gesunde Haare, Haut und Nägel wichtig ist.

Tee und Wasser

Auch bei den Getränken gibt es einige basenbildende Optionen. Neben Wasser zählen dazu insbesondere Kräuter- und Früchtetees. Sie enthalten basische Mineralstoffe und können dabei helfen, den Säure-Basen-Haushalt ins Gleichgewicht zu bringen.

***Ein Tipp:** Starte den Tag mit einem Glas warmem Zitronenwasser. Obwohl Zitronen sauer schmecken, wirken sie im Körper basisch. Das liegt daran, dass sie Citrate enthalten, die im Körper zu basischen Bicarbonaten umgewandelt werden. Ein weiterer Vorteil von Zitronenwasser am Morgen: Es regt den Stoffwechsel an und unterstützt die Leber bei ihrer Entgiftungsarbeit.*

Auch bestimmte Mineralwässer können basenbildend wirken. Achte beim Kauf auf den Gehalt an **Hydrogencarbonat**. Ein hoher Gehalt an Hydrogencarbonat wirkt im Körper basisch und kann helfen, überschüssige Säuren zu neutralisieren. Es gibt inzwischen auch spezielles Basenwasser zu kaufen, die einen besonders hohen Gehalt an Hydrogencarbonat aufweisen. Ein Glas solches Wasser zum Essen kann daher dabei helfen, den Säure-Basen-Haushalt im Gleichgewicht zu halten.

Hülsenfrüchte

Last but not least gehören auch Hülsenfrüchte zu den basenbildenden Lebensmitteln. Dazu zählen beispielsweise Linsen, Kichererbsen und Erbsen. Sie sind reich an basischen Mineralstoffen wie Kalium und Magnesium und liefern zudem eine gute Portion pflanzliches Protein.

Hülsenfrüchte enthalten auch viele Ballaststoffe, die die Verdauung unterstützen und für eine langanhaltende Sättigung sorgen. Sie lassen sich vielseitig einsetzen und sind daher ein wichtiger Bestandteil einer basischen Ernährung. Probiere doch einmal ein basisches Linsencurry oder eine Kichererbsensuppe. Du wirst überrascht sein, wie lecker eine basische Ernährung sein kann!

Kräuter und Gewürze in der basischen Ernährung

Hier sind einige der Kräuter und Gewürze, die in deiner basischen Küche nicht fehlen dürfen:

- **Basilikum:** Basilikum ist nicht nur ein beliebtes Küchenkraut, sondern es hat auch starke basische Eigenschaften. Es ist reich an Antioxidantien, Vitamin K und hat entzündungshemmende Eigenschaften.

- **Petersilie:** Diese grüne Pflanze ist eine hervorragende Quelle für Vitamin C, Vitamin K und Folsäure. Sie hilft bei der Entgiftung des Körpers und hat stark basische Eigenschaften.

- **Oregano:** Oregano ist reich an Antioxidantien und hat antimikrobielle Eigenschaften. Es kann dazu beitragen, die Immunität zu stärken und das Verdauungssystem gesund zu halten.

- **Kurkuma:** Dieses leuchtend gelbe Gewürz wird oft als „Superfood" bezeichnet. Es ist stark basisch und enthält Curcumin, eine Verbindung, die für ihre entzündungshemmenden und antioxidativen Eigenschaften bekannt ist.

- **Ingwer:** Ingwer hat starke basische Eigenschaften. Es ist bekannt für seine entzündungshemmenden, verdauungsfördernden und schmerzlindernden Eigenschaften.

- **Koriander:** Koriander, auch bekannt als Korianderblätter, hat eine basische Wirkung auf den Körper und ist reich an Vitamin A, Vitamin C und Vitamin K.

- **Rosmarin:** Dieses aromatische Kraut ist nicht nur eine wertvolle Ergänzung zu vielen Gerichten, sondern hat auch starke basische Eigenschaften.

Öle

Es gibt eine breite Auswahl von Pflanzenölen, die in einer basischen Ernährung integriert werden können. Jedes von ihnen bringt eine einzigartige Kombination von Nährstoffen und gesundheitlichen Vorteilen mit sich.

- **Olivenöl nativ extra:** Es ist das hochwertigste Olivenöl und bekannt für seinen hohen Gehalt an einfach ungesättigten Fettsäuren und antioxidativen Polyphenolen. Durch seine entzündungshemmende Wirkung kann es das Risiko für Herz-Kreislauf-Erkrankungen senken. Darüber hinaus trägt es dazu bei, den Säure-Basen-Haushalt zu regulieren.

- **Rapsöl:** Es hat ein günstiges Verhältnis von Omega-6- zu Omega-3-Fettsäuren und ist reich an einfach ungesättigten Fettsäuren. Rapsöl ist vielseitig in der Küche einsetzbar, da es sowohl zum Braten als auch zum Backen und für Salatdressings geeignet ist.

- **Avocadoöl:** Es hat einen hohen Gehalt an einfach ungesättigten Fettsäuren und ist reich an Vitamin E. Avocadoöl ist hitzebeständig und daher ideal zum Braten und Kochen geeignet.

- **Kokosöl:** Es besteht hauptsächlich aus gesättigten Fettsäuren, insbesondere Laurinsäure, die antimikrobielle Eigenschaften besitzt. Kokosöl kann beim Backen, Braten oder in Smoothies verwendet werden.

- **Walnussöl:** Es ist reich an Omega-3-Fettsäuren und hat einen nussigen Geschmack, der besonders gut zu Salaten passt. Beachte jedoch, dass Walnussöl nicht erhitzt werden sollte.

- **Kürbiskernöl:** Es ist reich an mehrfach ungesättigten Fettsäuren und enthält Vitamin E und Beta-Sitosterol, eine Substanz, die dazu beitragen kann, den Cholesterinspiegel zu senken.

- **Distelöl:** Es hat einen hohen Gehalt an Omega-6-Fettsäuren und Vitamin E. Es kann zum Braten und Kochen sowie für Salatdressings verwendet werden.

- **Mandelöl:** Es enthält viele einfach ungesättigte Fettsäuren und ist reich an Vitamin E. Sein süßer Geschmack passt gut zu Desserts und Backwaren.

Säurebildende Lebensmittel

Fleisch und Fisch

Fleisch und Fisch sind starke Säurebildner. Sie sind reich an Protein, das beim Abbau Schwefelsäure produziert, eine starke Säure. Die Nieren müssen dann hart arbeiten, um diese Säure zu neutralisieren und aus dem Körper zu entfernen. Übermäßiger Fleisch- und Fischkonsum kann also die Nieren belasten und zu einem sauren pH-Wert im Körper führen. Eine interessante Beobachtung: Raubtiere, die sich hauptsächlich von Fleisch ernähren, haben ein stark saures Milieu in ihrem Körper und weisen häufig Harnsteine auf. Obwohl unser Körper deutlich besser in der Lage ist, Säuren zu regulieren als der von Raubtieren, kann zu viel Fleisch und Fisch die Säurebelastung erhöhen und gesundheitliche Probleme verursachen. Eine moderate Menge an Fleisch und Fisch, vorzugsweise aus nachhaltigen Quellen, ist jedoch in der Regel unbedenklich.

Milchprodukte

Milch und Milchprodukte sind eine weitere Gruppe von säurebildenden Lebensmitteln. Sie enthalten schwefelhaltige Aminosäuren, die zu einer erhöhten Säureproduktion beitragen können. Der hohe Gehalt an Laktose kann zusätzlich zu Verdauungsproblemen führen, insbesondere bei Menschen mit Laktoseintoleranz. Zudem ist es erwähnenswert, dass einige Milchprodukte wie Joghurt und Kefir probiotisch sind und somit die Darmgesundheit unterstützen können. Allerdings bleibt ihre säurebildende Eigenschaft bestehen. Deshalb solltest du den Konsum dieser Lebensmittel einschränken, wenn du einen ausgeglichenen Säure-Basen-Haushalt anstrebst.

Getreideprodukte

Getreideprodukte, insbesondere solche aus raffiniertem Weißmehl, wirken im Körper säurebildend. Dies liegt daran, dass sie während des Verarbeitungsprozesses ihre natürlichen Mineralien verlieren, die sonst eine basenbildende Wirkung haben könnten. Darüber hinaus erhöhen viele Getreideprodukte den Blutzuckerspiegel schnell, was zu einer verstärkten Insulinausschüttung und damit zu einer verstärkten Säurebildung führt. Daher ist es empfehlenswert, raffinierte Getreideprodukte zu minimieren und stattdessen vollwertige Alternativen zu wählen, die reich an Ballaststoffen und anderen wichtigen Nährstoffen sind.

Alkohol und koffeinhaltige Getränke

Alkohol und koffeinhaltige Getränke wie Kaffee und Cola können den pH-Wert des Körpers in Richtung Säure verschieben. Alkohol wird in der Leber abgebaut, wobei Säure als Nebenprodukt entsteht. Kaffee kann die Magensäureproduktion anregen und somit ebenfalls zur Säurebildung beitragen. Es ist daher ratsam, den Konsum dieser Getränke zu begrenzen.

Süßigkeiten und Snacks

Süßigkeiten, Chips, Schokolade und andere verarbeitete Snacks sind ebenfalls säurebildende Lebensmittel. Sie enthalten häufig raffinierte Zucker, ungesunde Fette und künstliche Zusatzstoffe, die den Säure-Basen-Haushalt beeinträchtigen können. Zusätzlich können sie zu Gewichtszunahme und anderen gesundheitlichen Problemen führen, wenn sie in großen Mengen konsumiert werden. Daher ist es besser, sie nur gelegentlich zu genießen und sich stattdessen auf natürliche, unverarbeitete Snacks zu konzentrieren.

Wie man säurebildende Lebensmittel in die Ernährung integriert

Trotz ihrer säurebildenden Eigenschaften sollten diese Lebensmittel nicht völlig aus deiner Ernährung verbannt werden. Sie enthalten wichtige Nährstoffe, die der Körper benötigt. Es geht vielmehr darum, das Gleichgewicht zu finden und darauf zu achten, dass du ausreichend basenbildende Lebensmittel zu dir nimmst, um die Säuren zu neutralisieren. Ein Verhältnis von etwa **80% basenbildenden zu 20% säurebildenden Lebensmitteln** wird häufig als ideal betrachtet. Darüber hinaus ist es wichtig, genügend Wasser zu trinken, um die Ausscheidung von Säuren zu unterstützen und die Nieren zu entlasten.

Zudem kann es hilfreich sein, die Größe deiner Mahlzeiten zu reduzieren. Große Mahlzeiten können die Säureproduktion im Magen erhöhen und somit den Säure-Basen-Haushalt beeinträchtigen. Kleine, regelmäßige Mahlzeiten hingegen können die Magensäureproduktion minimieren und es dem Körper erleichtern, die Säuren zu neutralisieren.

Bedenke, dass nicht alle säurebildenden Lebensmittel gleich sind. Einige, wie Obst und Honig, wirken zwar säurebildend, enthalten aber auch wertvolle Nährstoffe und Antioxidantien. Andere, wie zuckerhaltige Getränke und Fast Food, sind nicht nur säurebildend, sondern auch nährstoffarm und sollten daher nur in Maßen konsumiert werden.

Herausforderungen

Begrenzte Auswahl an Lebensmitteln

Du stellst fest, dass viele deiner gewohnten Lebensmittel auf der Liste der zu vermeidenden säurebildenden Lebensmittel stehen. Manchmal fühlt es sich an, als ob die Liste der „verbotenen" Lebensmittel länger ist als die der „erlaubten". Das kann zu Beginn einschüchternd sein.

Um den Teller bunter zu gestalten: Betrachte diese Veränderung als eine Einladung zur kulinarischen Entdeckungsreise. Es gibt eine Vielzahl an Obst, Gemüse, Nüssen und Samen, die nicht nur basisch sind, sondern auch deinen Speiseplan farbenfroh und abwechslungsreich gestalten. Zudem gibt es viele leckere Rezepte, die dir helfen, diese Zutaten kreativ zu kombinieren.

Kosten

Frisches Obst und Gemüse, vor allem in Bio-Qualität, können ein Loch in deine Haushaltskasse reißen. Gesunde Ernährung scheint manchmal ein Luxusgut zu sein.

Strategien für ein schmales Budget: Planung ist hier das A und O. Erstelle einen Essensplan für die Woche und schreibe einen entsprechenden Einkaufszettel. Achte auf saisonale Produkte und Sonderangebote. Mit der Zeit entwickelst du ein Gespür dafür, wie du gesund und günstig einkaufen kannst.

Zeit und Planung

Der Anfang einer Umstellung kann überwältigend sein. Welche Lebensmittel sind basisch, welche säurebildend? Was kann ich wann und wie kombinieren?

Planung leicht gemacht: Gib dir Zeit und sei nicht zu hart zu dir selbst. Am Anfang ist es normal, dass nicht alles perfekt läuft. Jede Mahlzeit, bei der du eine bewusste Entscheidung triffst, ist ein Erfolg. Mit der Zeit wirst du sicherer und das Planen wird zur Routine.

Soziale Herausforderungen

Essen hat oft eine soziale Komponente. Essen in Gesellschaft kann bei einer basischen Ernährung zur Herausforderung werden. Was, wenn es keine basischen Optionen gibt?

So bleibst du deiner Linie treu: Ein bisschen Vorbereitung kann auch hier helfen. Schau dir die Speisekarte des Restaurants vor dem Besuch online an und wähle geeignete Gerichte aus. Auch bei Einladungen kannst du vorab das Gespräch suchen und eventuell anbieten, einen basischen Beitrag zum Essen beizusteuern.

Weniger Eiweißaufnahme

Ein Großteil der gängigen Proteinquellen ist säurebildend. Bei einer basischen Ernährung könnte der Proteinbedarf nicht gedeckt werden.

Proteinreiche Alternativen: Es gibt auch basische Lebensmittel mit hohem Proteingehalt. Dazu gehören Hülsenfrüchte, Quinoa und bestimmte Gemüsesorten. Integriere diese Lebensmittel in deine Ernährung, um deinen Proteinbedarf zu decken.

Gefahr von Mangelerscheinungen

Eine einseitige Ernährung kann zu Mangelerscheinungen führen. Da einige Lebensmittelgruppen eingeschränkt sind, könnten nicht alle benötigten Nährstoffe aufgenommen werden.

So deckst du deinen Nährstoffbedarf: Achte auf eine bunte Mischung an Lebensmitteln und ziehe bei Bedarf Nahrungsergänzungsmittel in Betracht. Ein regelmäßiger Check-up beim Hausarzt kann helfen, Mangelerscheinungen frühzeitig zu erkennen und zu behandeln.

Frühstück

Energiegeladene Buchweizen-Pfannkuchen

Zubereitungszeit: 15 Minuten + 20 Minuten Kochzeit
Portionen: 8-10 Pfannkuchen

Zutaten:

- 150 g Buchweizenmehl
- 1 reife Banane, gepresst
- 150 ml Mandelmilch, ungezuckert
- 1 EL Chiasamen
- 1 EL Kokosöl, zum Braten
- 1 TL Backpulver
- Eine Prise Meersalz
- Frische Beeren und Ahornsirup zum Servieren (optional)

Zubereitung:

1. Beginne damit, die Chiasamen in 3 EL Wasser einzulegen und lasse sie für etwa 10 Minuten stehen, bis sie eine gelartige Konsistenz annehmen.

2. In der Zwischenzeit mischst du das Buchweizenmehl, das Backpulver und das Meersalz in einer mittelgroßen Schüssel.

3. In einer separaten Schüssel zerdrückst du die Banane gründlich mit einer Gabel, bis sie fast flüssig ist.

4. Füge die eingeweichten Chiasamen und die Mandelmilch zu der zerdrückten Banane hinzu und vermische alles gut.

5. Gib nun die feuchten Zutaten zu den trockenen und rühre vorsichtig um, bis alles gut vermischt ist.

6. Erhitze das Kokosöl in einer Pfanne auf mittlerer Hitze.

7. Gib pro Pfannkuchen etwa 2-3 EL Teig in die Pfanne und brate ihn 2-3 Minuten auf jeder Seite, bis er goldbraun ist.

8. Serviere die Pfannkuchen warm und garniere sie nach Belieben mit frischen Beeren und einem Spritzer Ahornsirup.

Frisches Quinoa-Müsli

Zubereitungszeit: 15 Minuten + 10 Minuten Ruhezeit
Portionen: 1 Person

Zutaten:

- 50 g Quinoa, gut gespült und abgetropft
- 250 ml Wasser
- 1 TL Vanilleextrakt
- 100 g Beeren deiner Wahl, frisch und gewaschen
- 2 EL Mandeln, roh und gehackt
- 1 EL Chiasamen
- 150 ml Mandelmilch, ungesüßt
- 2 EL Agavensirup

Zubereitung:

1. Quinoa in einem mittelgroßen Topf mit Wasser zum Kochen bringen. Sobald es kocht, die Hitze reduzieren und den Quinoa 10-15 Minuten köcheln lassen, bis das gesamte Wasser aufgenommen wurde und die Körner weich sind. Topf vom Herd nehmen und den Quinoa 10 Minuten abgedeckt ruhen lassen.

2. Gehackte Mandeln in einer Pfanne ohne Öl goldbraun rösten und dann zur Seite stellen.

3. Nun gibst du den Vanilleextrakt und den Agavensirup in die Schüssel mit dem Quinoa und vermischst alles gut miteinander.

4. Die Beeren vorsichtig waschen und trocknen, dann zum Quinoa geben.

5. Mandeln und Chiasamen über die Quinoa-Beeren-Mischung streuen.

6. Zum Schluss die Mandelmilch über dein Müsli gießen und alles vorsichtig umrühren. Und fertig ist dein frisches Müsli!

Himmlisches Hirse-Porridge

Zubereitungszeit: 30 Minuten + 10 Minuten Ruhezeit
Portionen: 1 Person

Zutaten:

- 50 g Hirse, fein gewaschen und abgetropft
- 250 ml Mandelmilch, ungesüßt
- 1 reife Banane, in Scheiben geschnitten
- 1 EL Chiasamen
- 1 TL Zimt
- Eine Prise Salz
- Eine Handvoll frische Beeren (Blaubeeren, Erdbeeren), gewaschen und in kleine Stücke geschnitten
- 1 EL Ahornsirup, optional für zusätzliche Süße
- 1 TL frisch geriebene Bio-Orangenschale

Zubereitung:

1. Stelle einen mittelgroßen Topf auf mittlerer Hitze auf den Herd. Füge die gewaschene Hirse und die Mandelmilch hinzu und bringe die Mischung zum Kochen.

2. Sobald es kocht, reduziere die Hitze auf niedrig, decke den Topf ab und lasse die Hirse 20 Minuten köcheln. Rühre hin und wieder um, um sicherzustellen, dass die Hirse nicht am Boden klebt.

3. Nach 20 Minuten, füge die Bananenscheiben, Chiasamen, Zimt und eine Prise Salz hinzu. Rühre alles gut um, decke den Topf erneut ab und lasse es weitere 5 Minuten köcheln.

4. Nimm den Topf vom Herd und lasse dein Porridge für 10 Minuten ruhen, um die Aromen zu vereinen.

5. Gib dein Porridge in eine Schale und garniere es mit den frischen Beeren, Ahornsirup und der geriebenen Orangenschale.

6. Löffle dein Hirse-Porridge aus und genieße es warm für einen guten Start in den Tag!

Basilikum-Tomaten-Avocado-Toast

Zubereitungszeit: 15 Minuten + 5 Minuten Ruhezeit
Portionen: 1 Person

Zutaten:

- 2 Scheiben Vollkornbrot (grob)
- 1 reife Avocado, halbiert, entkernt und geschält
- 100 g Kirschtomaten, halbiert
- 1 Handvoll frischer Basilikum, grob gehackt
- 2 EL natives Olivenöl extra
- 1 TL frisch gepresster Bio-Zitronensaft
- Salz und Pfeffer nach Geschmack
- 1 EL geröstete Sonnenblumenkerne

Zubereitung:

1. Die Brotscheiben im Toaster oder in einer Pfanne ohne Öl auf mittlerer Stufe rösten, bis sie goldbraun und knusprig sind.

2. In der Zwischenzeit die Avocado in einer Schüssel mit einer Gabel zerdrücken. Den Zitronensaft, das Olivenöl, Salz und Pfeffer hinzufügen und gut vermischen.

3. Die Avocadocreme gleichmäßig auf den gerösteten Brotscheiben verteilen.

4. Die halbierten Kirschtomaten und den gehackten Basilikum über die Avocadocreme streuen.

5. Den Toast mit den gerösteten Sonnenblumenkernen garnieren und etwa 5 Minuten ziehen lassen, damit die Aromen sich vermischen können. Dann ist dein basischer Toast bereit zum Genießen!

Beeren-Chia-Pudding

Zubereitungszeit: 10 Minuten + 2 Stunden Einweichzeit
Portionen: 1 Person

Zutaten:

- 60 g Chiasamen
- 200 ml Mandelmilch, ungesüßt
- 20 g Agavensirup
- 100 g gemischte Beeren (frisch oder gefroren)
- 15 g rohe Mandeln, gehackt
- 10 g Kokosflocken

Zubereitung:

1. Zuerst nimmst du eine Schüssel und gibst die Chiasamen hinein. Über die Samen gießt du die Mandelmilch und rührst das Ganze gut um. Anschließend fügst du den Agavensirup hinzu und rührst wieder alles gut durch.

2. Nun deckst du die Schüssel ab und stellst sie für mindestens 2 Stunden in den Kühlschrank. Die Chiasamen quellen auf und die Mischung erhält eine puddingähnliche Konsistenz.

3. Während die Chiasamen quellen, kannst du die Beeren vorbereiten. Falls du frische Beeren verwendest, wasche sie einfach kurz ab. Bei gefrorenen Beeren lasse diese in einer Schüssel auftauen.

4. Die rohen Mandeln und Kokosflocken röstest du kurz in einer Pfanne ohne Öl. Achte darauf, dass sie nicht verbrennen. Sie sind fertig, wenn sie leicht gebräunt sind und duftend.

5. Sobald dein Chia-Pudding die gewünschte Konsistenz hat, kannst du ihn aus dem Kühlschrank nehmen. Jetzt kommt der beste Teil: das Anrichten! Gib die Beeren, die gehackten Mandeln und Kokosflocken auf den Pudding. Guten Appetit!

Mandelmilch-Haferbrei

Zubereitungszeit: 10 Minuten + 5 Minuten Ruhezeit
Portionen: 1 Person

Zutaten:

- 250 ml Mandelmilch, ungesüßt
- 50 g Haferflocken, grob
- 2 EL Rosinen
- 1 EL Chiasamen
- 1 TL Zimt, gemahlen
- 2 TL Agavensirup
- 1 reife Banane, in Scheiben geschnitten
- 1 Handvoll frische Beeren (z.B. Erdbeeren, Blaubeeren)

Zubereitung:

1. Gieße die Mandelmilch in einen kleinen Topf und erhitze sie bei mittlerer Hitze.

2. Füge Haferflocken, Rosinen, Chiasamen und Zimt zur Milch hinzu. Rühre alles gut um, bis die Haferflocken mit der Milch bedeckt sind.

3. Sobald die Mischung zu köcheln beginnt, reduziere die Hitze auf niedrig und lasse alles für etwa 5 Minuten köcheln. Rühre gelegentlich um, um sicherzustellen, dass nichts anbrennt.

4. Nach 5 Minuten, schalte den Herd aus und lasse den Brei 5 Minuten lang ruhen, damit er eindickt.

5. Während der Brei ruht, schneide die Banane in Scheiben und wasche die Beeren.

6. Nach der Ruhezeit füge Agavensirup zu deinem Brei hinzu und rühre gut um.

7. Lege den Haferbrei in eine Schüssel und garniere mit den Bananenscheiben und den frischen Beeren. Guten Appetit!

Basischer Morgenquark mit Früchten

Zubereitungszeit: 10 Minuten + 5 Minuten Ruhezeit
Portionen: 1 Person

Zutaten:

- 200 g Quark (mager, fettarm)
- 1 mittelgroße Banane (gereift und in Scheiben geschnitten)
- 50 g Blaubeeren, frisch
- 20 g Mandeln, roh und grob gehackt
- 2 EL Leinsamen, roh
- 2 TL Honig, roh
- 1 EL Bio-Zitronensaft, frisch gepresst
- Eine Prise Zimt (optional)

Zubereitung:

1. Nimm zuerst den Quark und lege ihn in eine große Schüssel.

2. Dann füge den frisch gepressten Zitronensaft hinzu und rühre ihn gut unter. Dieser Schritt macht den Quark schön cremig und gibt ihm einen Hauch von Frische.

3. Füge nun die in Scheiben geschnittenen Bananen, die frischen Blaubeeren, die grob gehackten Mandeln und die rohen Leinsamen hinzu.

4. Vermische alle Zutaten vorsichtig miteinander, um sicherzustellen, dass die Früchte und Nüsse gut verteilt sind.

5. Lass das Ganze für etwa 5 Minuten stehen. In dieser Zeit können die Leinsamen aufquellen und der Quark nimmt die Aromen der Früchte und Nüsse auf.

6. Zum Schluss gib 2 TL rohen Honig über die Quark-Frucht-Mischung und bestreue sie mit einer Prise Zimt, wenn du magst. Rühre noch einmal kurz um, um den Honig gut zu verteilen. Nun ist dein basischer Morgenquark ist fertig zum Genießen!

Sesam-Bananen-Brot

Zubereitungszeit: 15 Minuten + 45 Minuten Backzeit
Portionen: 1 Brot

Zutaten:

- 2 reife Bananen, geschält und in Scheiben geschnitten
- 50 g Sesamsamen, geröstet
- 200 ml Mandelmilch, ungesüßt
- 200 g Buchweizenmehl
- 1 TL Backpulver
- 1 EL Agavendicksaft
- Prise Salz

Zubereitung:

1. Heize deinen Ofen auf 180 Grad vor.

2. Nimm eine Schüssel und zerdrücke die Bananenscheiben mit einer Gabel, bis sie breiig sind.

3. Füge die Mandelmilch und den Agavendicksaft zu den Bananen hinzu und verrühre alles gut miteinander.

4. In einer separaten Schüssel mische das Buchweizenmehl, das Backpulver, die gerösteten Sesamsamen und eine Prise Salz.

5. Gib nun die trockenen Zutaten zu den feuchten und rühre sie mit einem Löffel gut unter. Der Teig sollte dick, aber noch rührbar sein.

6. Lege eine Brotform mit Backpapier aus und gib den Teig hinein. Glätte die Oberfläche mit dem Löffelrücken.

7. Backe das Brot im vorgeheizten Ofen für etwa 45 Minuten. Das Brot ist fertig, wenn die Oberfläche goldbraun ist und ein Zahnstocher, den du in die Mitte des Brotes steckst, sauber herauskommt.

8. Lass das Brot vor dem Schneiden mindestens 10 Minuten abkühlen.

Mandel-Dattel-Energiebällchen

Zubereitungszeit: 15 Minuten + 30 Minuten Kühlzeit
Portionen: ca. 10 Energiebällchen

Zutaten:

- 75 g rohe Mandeln, grob gehackt
- 125 g entsteinte Datteln, gehackt
- 2 EL Chiasamen
- 1 TL Zimt
- 1 Prise Meersalz
- 3 EL frisch gepresster Bio-Zitronensaft
- Abrieb von einer Bio-Zitrone
- 30 g Kokosraspeln zum Wälzen

Zubereitung:

1. Gib die gehackten Mandeln in eine Küchenmaschine und mahle sie zu einem groben Pulver.

2. Füge die gehackten Datteln, Chiasamen, Zimt und Meersalz hinzu. Verarbeite alles zu einer leicht klebrigen Masse.

3. Gib nun den frisch gepressten Zitronensaft und den Zitronenabrieb hinzu. Verarbeite alles noch einmal kurz, bis die Zutaten gut miteinander verbunden sind.

4. Forme aus der Masse kleine Bällchen (etwa 10 Stück) und wälze diese in den Kokosraspeln.

5. Lege die Energiebällchen auf einen Teller und stelle sie für mindestens 30 Minuten in den Kühlschrank, damit sie fest werden. Guten Appetit!

Zitronen-Ingwer-Tee

Zubereitungszeit: 5 Minuten + 10 Minuten Kochzeit
Portionen: ca. 1 Liter Tee

Zutaten:

- 1 Bio-Zitrone, gewaschen und in Scheiben geschnitten
- 20 g frischer Ingwer, geschält und in dünne Scheiben geschnitten
- 1 Liter Wasser
- 1 EL frische Bio-Zitronenmelisse, fein gehackt
- 1 EL Agavendicksaft (optional)

Zubereitung:

1. Lege Zitronen- und Ingwerscheiben in einen großen Topf.

2. Füge das Wasser hinzu und bringe alles zum Kochen. Lass es dann auf niedriger Stufe 10 Minuten köcheln.

3. Nach dem Kochen die Zitronenmelisse hinzufügen und den Topf vom Herd nehmen.

4. Lass den Tee 2-3 Minuten ziehen. Wenn du magst, kannst du den Tee jetzt mit Agavendicksaft süßen.

5. Seihe den Tee durch ein Sieb ab und gieße ihn in deine Lieblingstasse. Genieße ihn heiß.

Suppen und Eintöpfe

Zucchini-Spinat-Cremesuppe

Zubereitungszeit: 10 Minuten + 20 Minuten Kochzeit
Portionen: 1 Person

Zutaten:

- 1 mittelgroße Zucchini, gewaschen und in Würfel geschnitten
- 1 Handvoll frischer Spinat, gewaschen und grob gehackt
- 1 kleine Zwiebel, geschält und gewürfelt
- 2 TL natives Olivenöl extra
- 1 Knoblauchzehe, geschält und fein gehackt
- 500 ml Gemüsebrühe, ohne Hefe & Geschmacksverstärker
- Salz und Pfeffer nach Geschmack
- 2 EL Mandelmilch (optional, für die Cremigkeit)
- 1 TL Bio-Zitronensaft
- Frische Petersilie zur Dekoration, gewaschen und gehackt

Zubereitung:

1. Erhitze das Olivenöl in einem mittelgroßen Topf auf mittlerer Stufe. Füge die Zwiebel und den Knoblauch hinzu und dünste sie, bis sie glasig sind.

2. Gib die Zucchiniwürfel in den Topf und brate sie für etwa 5 Minuten mit, bis sie weich sind.

3. Füge nun den Spinat hinzu und lass ihn zusammenfallen. Das dauert etwa 2-3 Minuten.

4. Jetzt gießt du die Gemüsebrühe dazu und lässt die Suppe für etwa 15 Minuten auf kleiner Flamme köcheln.

5. Nachdem die Suppe gekocht hat, nimm den Topf vom Herd. Püriere die Suppe mit einem Stabmixer, bis sie eine glatte Konsistenz hat.

6. Schmecke die Suppe mit Salz und Pfeffer ab und füge den Zitronensaft hinzu.

7. Wenn du magst, kannst du jetzt die Mandelmilch einrühren, um die Suppe noch cremiger zu machen.

8. Serviere die Suppe heiß und garniere sie mit etwas gehackter Petersilie.

Karotten-Ingwer-Suppe

Zubereitungszeit: 10 Minuten + 20 Minuten Kochzeit
Portionen: 1 Person

Zutaten:

- 3 große Karotten, geschält und in Scheiben geschnitten
- 1 kleine Zwiebel, fein gewürfelt
- 2 cm frischer Ingwer, geschält und fein gehackt
- 1 EL natives Olivenöl extra
- 500 ml Gemüsebrühe, ohne Hefe & Geschmacksverstärker
- 1 Prise Meersalz
- 1 Prise schwarzer Pfeffer, frisch gemahlen
- 2 EL Bio-Zitronensaft
- 1 EL frische Petersilie, fein gehackt

Zubereitung:

1. Erhitze das Olivenöl in einem Topf auf mittlerer Flamme. Gib die Zwiebeln hinein und dünste sie, bis sie glasig sind.

2. Füge die Karottenscheiben und den Ingwer hinzu. Brate alles weitere 2-3 Minuten an, bis die Karotten weicher werden.

3. Gieße nun die Gemüsebrühe hinzu. Lass alles aufkochen und dann 15 Minuten auf niedriger Flamme köcheln.

4. Prüfe, ob die Karotten weich sind. Sind sie es, nimm den Topf vom Herd und püriere die Suppe mit einem Stabmixer, bis sie glatt ist.

5. Schmecke die Suppe mit Salz, Pfeffer und Zitronensaft ab.

6. Serviere die Suppe heiß und streue die frische Petersilie darüber.

Linsen-Kokos-Eintopf

Zubereitungszeit: 10 Minuten + 20 Minuten Kochzeit
Portionen: 1 Person

Zutaten:

- 100 g grüne Linsen, abgespült und abgetropft
- 200 ml Kokosmilch
- 500 ml Gemüsebrühe, ohne Hefe & Geschmacksverstärker
- 100 g Süßkartoffel, gewürfelt
- 50 g Spinat, gewaschen und gehackt
- 1 EL natives Olivenöl extra
- 1 kleine Zwiebel, gewürfelt
- 1 TL Kurkuma
- Salz und Pfeffer nach Geschmack

Zubereitung:

1. Erhitze das Olivenöl in einem Topf und dünste die Zwiebel darin an, bis sie glasig wird.
2. Gib die Süßkartoffelwürfel hinzu und brate sie einige Minuten mit an.
3. Füge nun die Linsen hinzu und rühre alles gut durch.
4. Gieße die Gemüsebrühe hinzu und bringe den Eintopf zum Kochen.
5. Sobald der Eintopf kocht, füge die Kokosmilch hinzu und lasse alles auf niedriger Hitze für etwa 15 Minuten köcheln.
6. Nach der Kochzeit rühre den Spinat unter und lasse ihn kurz welken.
7. Würze den Eintopf mit Kurkuma, Salz und Pfeffer und serviere ihn heiß.

Süßkartoffel-Chili

Zubereitungszeit: 15 Minuten + 30 Minuten Kochzeit
Portionen: 1 Person

Zutaten:

- 200 g Süßkartoffel, gewürfelt
- 1 rote Paprika, gewürfelt
- 2 EL natives Olivenöl extra
- 150 g Kichererbsen aus der Dose, abgetropft und abgespült
- 200 ml Gemüsebrühe, ohne Hefe & Geschmacksverstärker
- 1 TL Chiliflocken
- 1 TL Kreuzkümmel
- 1 TL Paprikapulver, edelsüß
- 1 Prise Meersalz
- 1 Handvoll Spinat, gewaschen
- 2 EL frisch gehackter Koriander
- 1 EL Bio-Limettensaft

Zubereitung:

1. Erhitze das Olivenöl in einem Topf bei mittlerer Hitze.

2. Füge die Süßkartoffel und die Paprika hinzu, brate sie für etwa 5 Minuten an, bis sie weich werden.

3. Gib die Kichererbsen, die Chiliflocken, den Kreuzkümmel und das Paprikapulver in den Topf und mische alles gut durch.

4. Füge die Gemüsebrühe hinzu und lass das Chili 20 Minuten köcheln, bis die Süßkartoffeln vollständig weich sind.

5. Schalte die Hitze aus, füge den Spinat hinzu und rühre ihn unter, bis er welk ist.

6. Runde das Gericht mit dem Limettensaft ab und streue den gehackten Koriander darüber.

7. Serviere dein Süßkartoffel-Chili heiß und genieße es!

Wohlfühl-Brokkolisuppe

Zubereitungszeit: 10 Minuten + 20 Minuten Kochzeit
Portionen: 1 Person

Zutaten:

- 200 g Brokkoli, in kleine Röschen geteilt
- 1 kleine Zwiebel, gewürfelt
- 1 kleine Karotte, gewürfelt
- 2 EL natives Olivenöl extra
- 500 ml Gemüsebrühe, ohne Hefe & Geschmacksverstärker
- 1 TL gehackter frischer Ingwer
- 1 EL Bio-Zitronensaft
- 1 EL gehackte Petersilie
- Salz und Pfeffer nach Geschmack

Zubereitung:

1. Erhitze das Olivenöl in einem Topf über mittlerer Hitze. Füge die Zwiebel und Karotte hinzu und brate sie an, bis sie weich sind, etwa 5 Minuten.

2. Füge den Brokkoli hinzu und koche ihn ein paar Minuten mit, bis er heller wird.

3. Füge die Gemüsebrühe und den gehackten Ingwer hinzu. Erhöhe die Hitze, bis die Brühe zum Kochen kommt. Reduziere dann die Hitze und lass die Suppe 15 Minuten lang köcheln, bis der Brokkoli weich ist.

4. Mit einem Stabmixer oder in einem Standmixer püriere die Suppe, bis sie glatt ist.

5. Rühre den Zitronensaft ein und würze die Suppe mit Salz und Pfeffer nach Geschmack.

6. Serviere die Suppe heiß, bestreut mit der gehackten Petersilie.

Grünkohl-Erbsen-Eintopf

Zubereitungszeit: 15 Minuten + 30 Minuten Kochzeit
Portionen: 1 Person

Zutaten:

- 100 g Grünkohl, frisch und gewaschen
- 100 g Erbsen, frisch oder tiefgefroren
- 1 EL Kokosöl
- 1 rote Zwiebel, klein gehackt
- 1 Karotte, gewürfelt

- 1 EL frischer Ingwer, fein gehackt
- 500 ml Gemüsebrühe, ohne
  Hefe & Geschmacksverstärker
- 1 TL Kurkuma, gemahlen
- 1 TL Kreuzkümmel, gemahlen
- Salz und Pfeffer nach Geschmack

Zubereitung:

1. Erhitze das Kokosöl in einem großen Topf bei mittlerer Hitze.

2. Füge die gehackte Zwiebel, die gewürfelte Karotte und den Ingwer hinzu. Lass alles für etwa 5 Minuten sautieren, bis die Zwiebel weich wird.

3. Jetzt ist es Zeit für unsere Hauptzutaten! Füge den Grünkohl und die Erbsen hinzu und lass sie einige Minuten mitkochen, bis der Grünkohl anfängt zu welken.

4. Gib die Gemüsebrühe, Kurkuma und Kreuzkümmel in den Topf. Rühre alles gut um, damit die Gewürze gut verteilt sind.

5. Decke den Topf ab und lass den Eintopf etwa 25 Minuten köcheln, bis das Gemüse vollständig gekocht ist.

6. Schmecke mit Salz und Pfeffer ab und dein Eintopf ist fertig zum Servieren!

Rote Beete-Suppe mit Dill

Zubereitungszeit: 10 Minuten + 25 Minuten Kochzeit
Portionen: 1 Person

Zutaten:

- 200 g Rote Beete, vorgekocht und gewürfelt
- 1/2 mittelgroße Zwiebel, fein gehackt
- 1 kleine Karotte, geschält und in Scheiben geschnitten
- 1 TL frischer Ingwer, fein gerieben
- 2 EL natives Olivenöl extra
- 500 ml Gemüsebrühe, ohne Hefe & Geschmacksverstärker
- 1 EL frischer Dill, gehackt
- Salz und Pfeffer nach Geschmack
- 1 EL Bio-Zitronensaft, frisch gepresst
- 1 EL Mandelmus

Zubereitung:

1. Erhitze das Olivenöl in einem Topf über mittlerer Hitze.

2. Füge die gehackte Zwiebel hinzu und brate sie an, bis sie glasig wird.

3. Füge die geschnittene Karotte, den geriebenen Ingwer und die gewürfelte Rote Beete hinzu. Brate alles zusammen für ein paar Minuten an.

4. Gieße die Gemüsebrühe in den Topf und bringe sie zum Kochen. Reduziere dann die Hitze und lasse die Suppe 20 Minuten köcheln.

5. Püriere die Suppe mit einem Stabmixer, bis sie eine glatte Konsistenz erreicht.

6. Füge den Dill, Salz, Pfeffer und Zitronensaft hinzu. Rühre gut um, bis alles gut vermischt ist.

7. Vor dem Servieren, gib einen EL Mandelmus dazu und rühre gut um. Das Mandelmus gibt der Suppe eine cremige Konsistenz und verleiht zusätzlich einen nussigen Geschmack.

8. Deine Suppe ist nun fertig!

Wärmende Kürbis-Linsen-Suppe

Zubereitungszeit: 10 Minuten + 30 Minuten Kochzeit
Portionen: 1 Person

Zutaten:

- 200 g Hokkaidokürbis, gewaschen und in Würfel geschnitten
- 50 g grüne Linsen, abgespült
- 1 kleine Zwiebel, gewürfelt
- 2 Knoblauchzehen, fein gehackt
- 1 EL natives Olivenöl extra
- 500 ml Gemüsebrühe, ohne Hefe & Geschmacksverstärker
- 1 TL Kurkuma
- 1/2 TL Kreuzkümmel
- Salz und Pfeffer nach Geschmack
- Einige frische Basilikumblätter zum Garnieren
- 1 EL Bio-Zitronensaft

Zubereitung:

1. Erhitze das Olivenöl in einem Topf und füge die gewürfelte Zwiebel und den Knoblauch hinzu. Lass alles anbraten, bis die Zwiebel glasig ist.
2. Gib nun den Kürbis und die Linsen in den Topf. Rühre alles gut um und lass es für etwa 5 Minuten köcheln.
3. Füge jetzt die Gemüsebrühe, Kurkuma und Kreuzkümmel hinzu. Lass die Suppe für etwa 20 Minuten auf mittlerer Hitze köcheln, bis der Kürbis und die Linsen weich sind.
4. Verwende einen Stabmixer, um die Suppe zu pürieren, bis sie glatt ist. Wenn du es etwas stückig magst, püriere nicht alles komplett.
5. Schmecke die Suppe mit Salz, Pfeffer und Zitronensaft ab.
6. Serviere die Suppe in einer Schüssel und garniere sie mit frischen Basilikumblättern.

Quinoa-Gemüse-Eintopf

Zubereitungszeit: 10 Minuten + 20 Minuten Kochen
Portionen: 1 Person

Zutaten:

- 50 g Quinoa, gründlich gewaschen
- 200 ml Gemüsebrühe, ohne Hefe & Geschmacksverstärker
- 1 kleine rote Zwiebel, fein gehackt
- 1 Knoblauchzehe, fein gehackt
- 80 g Karotten, gewürfelt
- 50 g Brokkoli, in kleine Röschen geteilt
- 70 g Zucchini, gewürfelt
- 1 EL natives Olivenöl extra
- 1 TL Kurkuma
- Salz und Pfeffer nach Geschmack
- 1 TL frisch gehackte Petersilie zum Garnieren

Zubereitung:

1. In einem Topf das Olivenöl erhitzen. Die Zwiebel und den Knoblauch hinzufügen und unter Rühren anbraten, bis sie weich und duftend sind.

2. Die Karotten, den Brokkoli und die Zucchini hinzufügen. Unter gelegentlichem Rühren etwa 5 Minuten anbraten, bis das Gemüse beginnt weich zu werden.

3. Den Quinoa in den Topf geben und gründlich mit dem Gemüse vermischen. Kurkuma hinzufügen und gut umrühren, so dass das Gemüse und der Quinoa gut gewürzt sind.

4. Die Gemüsebrühe hinzufügen und zum Kochen bringen. Sobald die Mischung kocht, die Hitze reduzieren und 15 Minuten köcheln lassen, bis der Quinoa gar ist und die Flüssigkeit weitgehend absorbiert wurde.

5. Mit Salz und Pfeffer abschmecken, vom Herd nehmen und vor dem Servieren mit der frisch gehackten Petersilie garnieren.

Paprika-Tomaten-Suppe

Zubereitungszeit: 10 Minuten + 20 Minuten Kochzeit
Portionen: 1 Person

Zutaten:

- 1 rote Paprika, gewürfelt
- 2 mittelgroße Tomaten, gewürfelt
- 1 kleine Zwiebel, fein gehackt
- 1 TL natives Olivenöl extra
- 1 TL Kurkuma
- 1 TL frischer Ingwer, gerieben
- 500 ml Gemüsebrühe, ohne
Hefe & Geschmacksverstärker
- Salz und Pfeffer nach Geschmack
- Ein paar Blätter frisches Basilikum zur Dekoration

Zubereitung:

1. Erhitze das Olivenöl in einem Topf. Füge die gehackte Zwiebel hinzu und dünste sie, bis sie glasig wird.

2. Gib die gewürfelte Paprika und Tomaten in den Topf. Rühre alles gut um und lasse das Gemüse ein paar Minuten köcheln.

3. Füge den geriebenen Ingwer und die Kurkuma hinzu. Rühre alles wieder gut um, so dass die Gewürze gleichmäßig verteilt sind.

4. Gib die Gemüsebrühe in den Topf und lass die Suppe auf mittlerer Stufe etwa 20 Minuten köcheln.

5. Püriere die Suppe mit einem Stabmixer, bis sie eine glatte Konsistenz hat. Schmecke sie mit Salz und Pfeffer ab.

6. Serviere die Suppe heiß und garniere sie mit ein paar frischen Basilikumblättern.

Salate und Bowls

Quinoa-Regenbogen-Bowl

Zubereitungszeit: 15 Minuten + 15 Minuten Ruhezeit
Portionen: 1 Person

Zutaten:

- 60 g Quinoa, abgespült
- 125 ml Wasser
- Eine Prise Salz
- 1 kleiner roter Paprika, gewürfelt
- 50 g rote Bete, gekocht und gewürfelt
- 50 g Karotten, roh und geraspelt
- 50 g Blattspinat, gewaschen und getrocknet
- 1/2 reife Avocado, gewürfelt
- 10 g frischer Koriander, gehackt
- 1 EL natives Olivenöl extra
- Saft von 1/2 Bio-Zitrone
- 1 TL Kreuzkümmel, gemahlen
- Salz und Pfeffer nach Geschmack

Zubereitung:

1. Setze das Wasser mit der Prise Salz in einem kleinen Topf auf und bringe es zum Kochen. Gib den abgespülten Quinoa dazu und lasse ihn auf niedriger Hitze 15 Minuten köcheln, bis er das Wasser vollständig absorbiert hat. Nimm den Topf vom Herd und lass den Quinoa 15 Minuten ruhen.

2. Während der Quinoa ruht, bereite das Gemüse vor: Würfel den Paprika, die gekochte Rote Bete und die Avocado. Raspel die Karotten und hacke den Koriander.

3. Nun geht es an die Zubereitung des Dressings: Vermische in einer kleinen Schüssel das Olivenöl, den Zitronensaft und den Kreuzkümmel. Schmecke mit Salz und Pfeffer ab.

4. Jetzt kannst du deine Bowl zusammenstellen: Gib den Quinoa als Basis in eine Schüssel. Ordne das vorbereitete Gemüse und den Spinat dekorativ darauf an. Gib die Avocadowürfel und den gehackten Koriander dazu.

5. Beträufle deine Bowl mit dem Dressing und mische alles gut durch. Fertig ist deine köstliche, bunte Bowl. Guten Appetit!

Spinat-Granatapfel-Salat

Zubereitungszeit: 15 Minuten + 10 Minuten Ruhezeit
Portionen: 1 Person

Zutaten:

- 100 g frischer Spinat, gewaschen und getrocknet
- 1 mittlerer Granatapfel, entkernt
- 30 ml natives Olivenöl extra
- 1 EL frisch gepresster Bio-Zitronensaft
- 1 kleine rote Zwiebel, dünn geschnitten
- 30 g Mandeln, geröstet und grob gehackt
- 1 TL Chiasamen
- Salz und Pfeffer nach Geschmack

Zubereitung:

1. Beginne damit, den Spinat in eine große Salatschüssel zu geben.

2. Schneide dann den Granatapfel in zwei Hälften und entkerne ihn, indem du die Hälften mit der offenen Seite nach unten über die Schüssel hältst und fest auf die Schale klopfst. Die Kerne sollten nun von selbst herausfallen.

3. Gib die dünn geschnittene rote Zwiebel sowie die gerösteten und grob gehackten Mandeln hinzu.

4. Für das Dressing vermische das Olivenöl und den Zitronensaft in einer kleinen Schüssel. Würze es mit Salz und Pfeffer nach deinem Geschmack.

5. Gib das Dressing über den Salat und mische alles gut durch.

6. Lass den Salat für etwa 10 Minuten ruhen, damit die Aromen gut durchziehen können.

7. Kurz vor dem Servieren streue die Chiasamen über den Salat.

Basische Buddha-Bowl

Zubereitungszeit: 15 Minuten + 20 Minuten Kochen
Portionen: 1 Person

Zutaten:

- 75 g Quinoa, abgespült und ab-getropft
- 200 ml Wasser
- 1 mittelgroße Karotte, geschält und in dünne Scheiben ge-schnitten
- 1 kleiner roter Paprika, ent-kernt und in dünne Streifen ge-schnitten

- 1 kleiner Zucchini, gewaschen und in halbe Scheiben ge-schnitten
- 1 Handvoll Babyspinat, gewa-schen und trocken getupft
- 1 EL natives Olivenöl extra
- 1 EL Apfelessig
- Salz und Pfeffer nach Ge-schmack
- 1 TL Sesamsamen, geröstet

Zubereitung:

1. Gib die Quinoa in einen Topf mit Wasser. Bringe das Wasser zum Kochen und lass die Quinoa 15 Minuten auf niedriger Hitze köcheln, bis das Wasser aufge-sogen ist.

2. Während die Quinoa kocht, bereite das Gemüse vor. Erhitze das Olivenöl in einer Pfanne über mittlerer Hitze. Füge die Karotten hinzu und brate sie 5 Mi-nuten an, bis sie beginnen, weich zu werden.

3. Füge die Paprika und Zucchini hinzu und brate weiter für etwa 5 Minuten, bis das Gemüse bissfest ist.

4. Stelle die Hitze ab und gib den Spinat in die Pfanne. Rühre um, bis der Spinat beginnt zu welken.

5. In der Zwischenzeit sollte die Quinoa fertig sein. Entferne den Topf vom Herd und lasse die Quinoa abgedeckt 5 Minuten ruhen.

6. Jetzt ist es Zeit, deine Buddha-Bowl zusammenzustellen. Fülle die Quinoa in eine Schüssel und lege das gebratene Gemüse darauf.

7. Würze mit Apfelessig, Salz und Pfeffer und bestreue das Ganze mit gerösteten Sesamsamen.

8. Nun ist deine Buddha-Bowl bereit zum Genießen.

Gurken-Avocado-Salat

Zubereitungszeit: 15 Minuten + 30 Minuten Ruhezeit
Portionen: 1 Person

Zutaten:

- 1 kleine Salatgurke, gewaschen und in Scheiben geschnitten
- 1 reife Avocado, entkernt und in Würfel geschnitten
- 10 Kirschtomaten, gewaschen und halbiert
- 2 EL frisch gepresster Bio-Zitronensaft
- 2 EL natives Olivenöl extra
- Eine Handvoll frische Petersilie, fein gehackt
- 1 TL Sesamsamen
- Salz und Pfeffer nach Geschmack

Zubereitung:

1. Lege die Gurkenscheiben in eine Schüssel und bestreue sie mit etwas Salz. Lass die Gurken für etwa 15 Minuten ruhen. Dieser Schritt hilft dabei, überschüssiges Wasser aus den Gurken zu ziehen und intensiviert ihren Geschmack.

2. Während die Gurken ruhen, bereite die Avocado vor. Würfle die Avocado und gib sie zu den Gurken in die Schüssel.

3. Füge die halbierten Kirschtomaten hinzu.

4. Mache nun das Dressing. Vermische den Zitronensaft mit dem Olivenöl, Salz und Pfeffer in einer kleinen Schüssel. Schmecke es ab und stelle sicher, dass das Dressing gut gewürzt ist.

5. Gieße das Dressing über die Gemüsezutaten in der Schüssel und mische alles gut durch.

6. Lass den Salat etwa 30 Minuten im Kühlschrank durchziehen, damit die Aromen sich gut vermischen können.

7. Vor dem Servieren streue die fein gehackte Petersilie und die Sesamsamen über den Salat.

Basische Protein-Bowl

Zubereitungszeit: 15 Minuten + 5 Minuten Ruhezeit
Portionen: 1 Person

Zutaten:

- 60 g Quinoa, gespült und abgetropft
- 1 kleine rote Bete, gewürfelt
- 1 kleiner Fenchel, in dünne Scheiben geschnitten
- 1 kleine Karotte, geraspelt
- 100 g Kichererbsen, abgespült und abgetropft
- 1 kleiner Avocado, in Scheiben geschnitten
- Eine Handvoll frischer Spinat
- 1 EL natives Olivenöl extra
- Saft einer halben Bio-Zitrone
- Salz und Pfeffer nach Geschmack
- 2 EL Hanfsamen

Zubereitung:

1. Koche den Quinoa gemäß den Anweisungen auf der Packung und lasse ihn abkühlen.

2. Gib die gewürfelte rote Bete, die geschnittenen Fenchelscheiben und die geraspelte Karotte in eine Schüssel.

3. Füge die abgespülten Kichererbsen und die Avocadoscheiben hinzu.

4. Gib den frischen Spinat dazu.

5. Vermische das Olivenöl, den Zitronensaft, Salz und Pfeffer in einer kleinen Schüssel, um das Dressing herzustellen.

6. Träufele das Dressing über die Gemüsemischung in der Schüssel.

7. Gib den abgekühlten Quinoa dazu und vermische alles gut miteinander.

8. Lasse die Bowl 5 Minuten ruhen, damit sich die Aromen verbinden können.

9. Bestreue die Bowl vor dem Servieren mit Hanfsamen.

Bunte Rohkost-Bowl

Zubereitungszeit: 15 Minuten
Portionen: 1 Person

Zutaten:

- 1 mittelgroße Rote Beete, geschält und fein geraspelt
- 1 mittelgroße Karotte, geschält und fein geraspelt
- 1 kleiner Fenchel, in feine Streifen geschnitten
- 1/2 rote Paprika, in dünne Streifen geschnitten
- 2 Handvoll gemischter Salat, gewaschen und getrocknet
- 1/2 Avocado, entkernt und in Scheiben geschnitten
- 1 EL Sonnenblumenkerne, roh
- 1 EL Leinsamen, roh
- 1 EL Sesamsamen, roh
- 2 EL natives Olivenöl extra
- 1 EL Apfelessig
- 1 TL Senf
- Salz und Pfeffer nach Geschmack

Zubereitung:

1. Bereite als Erstes alle deine Gemüsezutaten vor. Schäle die Rote Beete und die Karotte und raspel sie fein. Schneide den Fenchel und die rote Paprika in dünne Streifen.

2. In einer großen Schüssel vermische das vorbereitete Gemüse mit den gemischten Salatblättern.

3. Schneide die Avocado in Scheiben und lege sie auf den Salat.

4. Für das Dressing mische Olivenöl, Apfelessig, Senf, Salz und Pfeffer in einer kleinen Schüssel. Schmecke es ab und passe die Gewürze nach deinem Geschmack an.

5. Gib das Dressing über die Salatmischung und mische alles gut durch.

6. Zum Schluss streue die rohen Sonnenblumenkerne, Leinsamen und Sesamsamen über die Bowl.

7. Jetzt ist deine bunte Bowl fertig zum Genießen!

Linsensalat mit Rucola

Zubereitungszeit: 10 Minuten + 30 Minuten Ruhezeit
Portionen: 1 Person

Zutaten:

- 50 g grüne Linsen, trocken
- 1 kleine rote Zwiebel, fein ge-hackt
- Eine Handvoll Rucola, gewaschen und grob gehackt
- 50 g gelbe Paprika, gewürfelt
- 1 EL natives Olivenöl extra
- 1 EL Bio-Zitronensaft, frisch gepresst
- 1 TL Apfelessig
- Salz und Pfeffer nach Geschmack
- Eine Prise Kreuzkümmel, gemahlen
- 1 TL Hanfsamen, geschält

Zubereitung:

1. Koche die Linsen nach den Anweisungen auf der Packung und stelle sicher, dass sie noch ein wenig Biss haben. Spüle sie nach dem Kochen mit kaltem Wasser ab und lasse sie abtropfen.

2. Während die Linsen abkühlen, bereite das Dressing vor. Vermische in einer kleinen Schüssel das Olivenöl, den Zitronensaft, den Apfelessig, das Salz, den Pfeffer und den Kreuzkümmel. Rühre alles gut um.

3. Nimm nun eine größere Schüssel und füge die gekochten Linsen, die gehackte rote Zwiebel, den gewürfelten Paprika und den Rucola hinzu. Gieße das Dressing darüber und vermische alles gut miteinander.

4. Lasse den Salat für etwa 30 Minuten im Kühlschrank durchziehen, damit die Aromen sich entfalten können.

5. Bevor du den Salat servierst, streue die Hanfsamen darüber. Guten Appetit!

Erbsen-Minz-Salat

Zubereitungszeit: 15 Minuten + 5 Minuten Ruhezeit
Portionen: 1 Person

Zutaten:

- 200 g frische grüne Erbsen, geschält
- Eine Handvoll frische Minzblätter, gewaschen und trocken geschüttelt
- 50 g Gurke, gewürfelt
- 50 g Radieschen, in dünne Scheiben geschnitten
- 1 EL natives Olivenöl extra
- Saft einer halben Bio-Zitrone
- Salz und Pfeffer nach Geschmack
- 2 EL gehackte Mandeln, roh

Zubereitung:

1. Die frischen Erbsen in einer Schüssel geben. Wenn sie sehr frisch und jung sind, können sie roh gegessen werden. Wenn sie älter oder härter sind, blanchiere sie für 2-3 Minuten in kochendem Wasser, dann sofort in Eiswasser tauchen, um den Kochprozess zu stoppen und die Farbe zu erhalten. Gut abtropfen lassen.

2. Die gewürfelte Gurke, die geschnittenen Radieschen und die gehackte Minze zu den Erbsen geben und alles gut vermischen.

3. In einer kleinen Schale das Olivenöl, den Zitronensaft und Salz und Pfeffer nach Geschmack mischen. Diese Mischung über den Salat gießen und alles gut vermischen, bis die Zutaten gleichmäßig mit dem Dressing bedeckt sind.

4. Den Salat für mindestens 5 Minuten ruhen lassen, damit die Aromen sich vermischen können.

5. Kurz vor dem Servieren die gehackten Mandeln über den Salat streuen.

Kichererbsen-Quinoa-Salat

Zubereitungszeit: 20 Minuten + 15 Minuten Kochzeit
Portionen: 1 Person

Zutaten:

- 50 g Quinoa, gewaschen und abgetropft
- 100 g Kichererbsen, abgespült und abgetropft
- 1 mittlere rote Paprika, gewürfelt
- 1 kleine Gurke, gewürfelt
- 1 Frühlingszwiebel, in dünne Ringe geschnitten
- Eine Handvoll frischer Basilikum, gehackt
- 2 EL natives Olivenöl extra
- Saft einer halben Bio-Zitrone
- Salz und Pfeffer nach Geschmack

Zubereitung:

1. Bringe in einem kleinen Topf Wasser zum Kochen und füge die Quinoa hinzu. Lass sie 15 Minuten bei mittlerer Hitze köcheln, bis sie weich ist. Wenn sie fertig ist, siebe sie ab und lasse sie abkühlen.

2. Während die Quinoa kocht, bereite die restlichen Zutaten vor. Würfle die Paprika und die Gurke, schneide die Frühlingszwiebel in dünne Ringe und hacke den Basilikum.

3. In einer großen Schüssel vermischst du die abgekühlte Quinoa, die Kichererbsen, die Paprika, die Gurke und die Frühlingszwiebeln. Füge den gehackten Basilikum hinzu.

4. Bereite nun das Dressing vor. Mische dafür das Olivenöl mit dem Zitronensaft und würze mit Salz und Pfeffer.

5. Gieße das Dressing über den Salat und mische alles gut durch. Lass den Salat ein paar Minuten ziehen, damit sich die Aromen entfalten können, und dann ist er bereit zum Genießen!

Grünkohl-Mandel-Salat

Zubereitungszeit: 15 Minuten + 30 Minuten Ruhezeit
Portionen: 1 Person

Zutaten:

- 50 g frischer Grünkohl, gewaschen und in dünne Streifen geschnitten
- 1 TL Meersalz
- 25 g Mandeln, gehackt
- 1 reife Avocado, gewürfelt
- 1 kleine rote Zwiebel, in dünne Scheiben geschnitten
- 1/2 rote Paprika, gewürfelt
- Saft von 1/2 Bio-Zitrone
- 1 EL natives Olivenöl extra
- 1 TL Honig (optional)
- Eine Prise frisch gemahlener schwarzer Pfeffer

Zubereitung:

1. Nimm eine mittelgroße Schüssel und gib den geschnittenen Grünkohl hinein. Füge das Meersalz hinzu und bearbeite den Grünkohl mit deinen Händen für ein paar Minuten. Du wirst merken, dass er anfängt, etwas weicher zu werden. Das ist das Zeichen, dass du ihn ruhen lassen kannst.

2. In der Zwischenzeit röste die gehackten Mandeln in einer kleinen Pfanne ohne Öl auf mittlerer Stufe, bis sie duften und leicht gebräunt sind. Lass sie auf einem Teller abkühlen.

3. In die Schüssel mit dem Grünkohl gibst du jetzt die gewürfelte Avocado, die Zwiebelscheiben und die Paprika. Füge auch den Zitronensaft, das Olivenöl und den Honig hinzu. Würze mit Pfeffer nach Geschmack. Vermische alles gut.

4. Lass den Salat mindestens 30 Minuten im Kühlschrank ziehen, damit die Aromen sich verbinden können.

5. Kurz vor dem Servieren, streue die gerösteten Mandeln über den Salat.

Snacks

Knusprige Süßkartoffelchips

Zubereitungszeit: 15 Minuten + 25 Minuten Backzeit
Portionen: ca. 150 g Chips

Zutaten:

- 1 große Süßkartoffel (ca. 200 g, mit Schale, sauber geschrubbt)
- 2 EL natives Olivenöl extra
- 1 TL Salz
- 1 TL Paprikapulver, edelsüß
- 1 TL getrockneter Thymian

Zubereitung:

1. Heize deinen Backofen auf 180 Grad vor.

2. Schneide die Süßkartoffel in dünne Scheiben. Verwende dafür am besten ein Mandolinenschneider, aber pass auf deine Finger auf! Wenn du keinen hast, benutze ein scharfes Messer, aber versuche die Scheiben so gleichmäßig wie möglich zu halten.

3. In einer Schüssel vermischst du das Olivenöl mit Salz, Paprikapulver und Thymian.

4. Jetzt gibst du die Süßkartoffelscheiben dazu und vermischst alles gut, so dass jede Scheibe mit der Öl-Gewürz-Mischung bedeckt ist.

5. Lege ein Backpapier auf ein Backblech und verteile die gewürzten Süßkartoffelscheiben darauf. Achte darauf, dass sie nicht übereinander liegen.

6. Backe die Chips für ca. 20-25 Minuten im Ofen, oder bis sie knusprig und goldbraun sind. Wende sie zur Hälfte der Backzeit, damit sie gleichmäßig garen.

7. Lass die Chips ein paar Minuten abkühlen, bevor du sie genießt. Sie werden beim Abkühlen noch ein bisschen knuspriger.

Gurken-Dill-Salatstangen

Zubereitungszeit: 15 Minuten + 15 Minuten Ruhezeit
Portionen: 8 Stangen

Zutaten:

- 2 Bio-Gurken, gewaschen und längs halbiert
- 1 EL natives Olivenöl extra
- 2 EL frischer Dill, gehackt
- 1 TL Meersalz
- 1 EL Mandelmus
- 50 ml frisch gepresster Bio-Zitronensaft
- 8 Vollkorn-Sandwichstangen, zerteilt

Zubereitung:

1. Nimm die halbierten Gurken und höhle sie mit einem Löffel aus, lass aber eine dünne Schicht am Boden, um die Füllung zu halten.

2. Verrühre in einer Schüssel das Olivenöl, den Dill und das Meersalz, bis es gut vermischt ist.

3. Füge das Mandelmus und den Zitronensaft hinzu und rühre weiter, bis eine cremige Paste entsteht.

4. Verteile diese Paste gleichmäßig in den ausgehöhlten Gurken.

5. Lass die gefüllten Gurken etwa 15 Minuten ruhen, um den Geschmack zu vertiefen.

6. Fülle jede Sandwichstange mit einer gefüllten Gurkenhälfte.

7. Serviere sofort oder bewahre sie im Kühlschrank auf, bis du bereit bist, sie zu essen.

Rote Beete-Hummus

Zubereitungszeit: 15 Minuten + 1 Stunde Einweichzeit für die Kichererbsen
Portionen: 1 Person

Zutaten:

- 100 g Kichererbsen, über Nacht eingeweicht
- 1 mittelgroße Rote Beete, gekocht und in Würfel geschnitten
- 2 EL natives Olivenöl extra
- 1 EL Bio-Zitronensaft, frisch gepresst
- 1 TL Tahini (Sesampaste)
- 1 Knoblauchzehe, geschält und fein gehackt
- Salz und Pfeffer zum Abschmecken

Zubereitung:

1. Die eingeweichten Kichererbsen abspülen und in einem Topf mit frischem Wasser zum Kochen bringen. Bei mittlerer Hitze ca. 45 Minuten weich kochen lassen.

2. Die Kichererbsen abgießen und in einem Mixer oder mit einem Pürierstab zu einer glatten Paste verarbeiten.

3. Die gewürfelte Rote Beete, das Olivenöl, den Zitronensaft, das Tahini und den gehackten Knoblauch hinzufügen. Alles zusammen pürieren, bis eine gleichmäßige, cremige Masse entsteht.

4. Mit Salz und Pfeffer abschmecken und eventuell nochmal nachmixen.

5. Den Hummus in eine Schüssel geben und vor dem Servieren etwas durchziehen lassen. Ideal als Dip für Gemüsesticks oder als Aufstrich auf Vollkornbrot.

Spinat-Kichererbsen-Falafel

Zubereitungszeit: 15 Minuten + 10 Minuten Ruhezeit
Portionen: ca. 10 Stück

Zutaten:

- 200 g frischer Spinat, gewaschen und grob gehackt
- 150 g Kichererbsen aus der Dose, abgespült und abgetropft
- 2 EL Buchweizenmehl
- 1 EL natives Olivenöl extra
- 2 TL Sesamsamen
- 1 TL Kreuzkümmel, gemahlen
- 1 TL Kurkuma, gemahlen
- Salz und Pfeffer nach Geschmack
- 100 ml Rapsöl zum Braten

Zubereitung:

1. Als Erstes nimmst du den Spinat und die Kichererbsen und gibst sie in einen Mixer. Verarbeite diese zu einer groben Masse.

2. Nun gibst du das Buchweizenmehl, das Olivenöl, die Sesamsamen, den Kreuzkümmel und das Kurkuma dazu. Würze die Mischung mit Salz und Pfeffer. Mixe alles erneut, bis du eine gleichmäßige Masse erhältst.

3. Forme mit den Händen kleine Falafel-Bällchen aus der Masse. Sollte die Masse zu klebrig sein, füge etwas mehr Buchweizenmehl hinzu. Lass die Bällchen etwa 10 Minuten ruhen.

4. Erhitze währenddessen das Rapsöl in einer Pfanne. Brate die Falafel-Bällchen rundherum goldbraun an. Es dauert etwa 3 Minuten pro Seite.

5. Sobald die Falafel fertig gebraten sind, legst du sie auf Küchenpapier, damit überschüssiges Öl aufgesogen wird. Serviere die Spinat-Kichererbsen-Falafel warm und genieße sie!

Quinoa-Popcorn

Zubereitungszeit: 10 Minuten + 15 Minuten Ruhezeit
Portionen: 1 Person

Zutaten:

- 50 g Quinoa, gut abgespült und getrocknet
- 1 EL natives Olivenöl extra
- 1 TL Meersalz, grob
- 1/2 TL Cayennepfeffer (optional)

Zubereitung:

1. Nachdem du den Quinoa gut abgespült und getrocknet hast, erhitzt du das Olivenöl in einer großen Pfanne bei mittlerer Hitze.
2. Gib den Quinoa dazu, sobald das Öl heiß genug ist. Decke die Pfanne sofort ab.
3. Halte den Deckel fest und schüttle die Pfanne vorsichtig hin und her, damit der Quinoa nicht anbrennt. Das Popcorn ist fertig, wenn du etwa 10 Sekunden lang kein Popping mehr hörst.
4. Schalte den Herd aus und lasse das Popcorn noch für ein paar Minuten in der Pfanne, um sicherzustellen, dass jeder Quinoa-Korn aufgeplatzt ist.
5. Während das Popcorn abkühlt, vermische das Salz und den Cayennepfeffer in einer kleinen Schale.
6. Bestreue das Popcorn mit der Salz-Pfeffer-Mischung und genieße deinen Snack!

Geröstete Kichererbsen

Zubereitungszeit: 10 Minuten + 20 Minuten Backzeit
Portionen: 1 Person

Zutaten:

- 200 g Kichererbsen (aus der Dose, abgetropft und abge-spült)
- 2 EL natives Olivenöl extra
- 1 TL Kurkuma
- 1 TL Paprikapulver, edelsüß
- Salz nach Geschmack
- 1 Prise Cayennepfeffer (optio-nal

Zubereitung:

1. Heize deinen Backofen auf 200 Grad vor.

2. Spüle die Kichererbsen unter kaltem Wasser ab und tupfe sie mit einem sauberen Geschirrtuch trocken. Es ist wichtig, dass die Kichererbsen so trocken wie möglich sind, damit sie richtig knusprig werden.

3. Gib die Kichererbsen in eine Schüssel und vermische sie mit dem Olivenöl. Streue dann die Gewürze (Kurkuma, Paprikapulver, Salz und optional Cayennepfeffer) darüber und rühre alles gut um, bis die Kichererbsen vollständig mit den Gewürzen bedeckt sind.

4. Lege ein Backblech mit Backpapier aus und verteile die gewürzten Kichererbsen gleichmäßig darauf.

5. Backe die Kichererbsen für etwa 20 Minuten, oder bis sie goldbraun und knusprig sind. Achte darauf, sie nach 10 Minuten einmal zu wenden, damit sie gleichmäßig geröstet werden.

6. Lass die gerösteten Kichererbsen vor dem Verzehr etwas abkühlen. Sie können warm oder bei Raumtemperatur serviert werden.

Zucchini-Sesam-Sticks

Zubereitungszeit: 10 Minuten + 15 Minuten Backzeit
Portionen: 10 Sticks

Zutaten:

- 1 große Zucchini (gewaschen und in 10 Sticks geschnitten)
- 2 EL natives Olivenöl extra
- 2 EL Sesamsamen
- Eine Prise Meersalz
- Eine Prise schwarzer Pfeffer

Zubereitung:

1. Heize den Backofen auf 180 Grad vor.
2. Lege ein Backblech mit Backpapier aus.
3. Schneide die Zucchini in 10 gleich große Sticks.
4. Verteile das Olivenöl gleichmäßig über die Zucchini-Sticks.
5. Bestreue sie nun mit den Sesamsamen, dem Salz und Pfeffer.
6. Lege die Sticks auf das Backblech und schiebe das Blech in den vorgeheizten Ofen.
7. Backe die Sticks für etwa 15 Minuten, bis sie goldbraun und knusprig sind.
8. Nimm sie aus dem Ofen und lass sie kurz abkühlen.

Mandel-Tomaten-Cracker

Zubereitungszeit: 15 Minuten + 20 Minuten Backzeit
Portionen: ca. 15 Cracker

Zutaten:

- 100 g gemahlene Mandeln
- 20 g sonnengetrocknete Tomaten, in feine Streifen geschnitten
- 2 EL Chia-Samen
- 1 TL Salz
- 50 ml Wasser
- 1 EL natives Olivenöl extra
- 1 EL frischer Basilikum, fein gehackt
- 1 EL frischer Oregano, fein gehackt

Zubereitung:

1. Heize deinen Backofen auf 180 Grad vor.

2. In einer Schüssel vermischst du die gemahlenen Mandeln, die sonnengetrockneten Tomatenstreifen, Chia-Samen und Salz miteinander.

3. Füge das Wasser und das Olivenöl hinzu und rühre alles gut um, bis ein fester Teig entsteht.

4. Arbeite die frisch gehackten Kräuter in den Teig ein.

5. Lege ein Backpapier auf ein Backblech und verteile den Teig gleichmäßig darauf. Drücke den Teig so flach wie möglich, etwa 3-4 mm sollten ausreichen.

6. Schneide mit einem Messer oder Pizzaroller den Teig in quadratische oder rechteckige Formen - das sind deine Cracker.

7. Backe die Cracker 20 Minuten im Ofen, bis sie goldbraun sind. Lass sie danach komplett abkühlen. Sie werden beim Abkühlen noch etwas fester.

Knoblauch-Grünkohl-Chips

Zubereitungszeit: 15 Minuten + 25 Minuten Backzeit
Portionen: 1 Person

Zutaten:

- 200 g Grünkohl, gewaschen, grobe Stiele entfernt und in große Stücke geschnitten
- 2 EL natives Olivenöl extra
- 3 Knoblauchzehen, geschält und fein gehackt
- 1 TL Meersalz
- 1/2 TL schwarzer Pfeffer

Zubereitung:

1. Heize deinen Ofen auf 150 Grad vor und lege ein Backblech mit Backpapier aus.

2. Lege den vorbereiteten Grünkohl in eine große Schüssel. Gib das Olivenöl, den gehackten Knoblauch, das Salz und den Pfeffer hinzu.

3. Vermenge alle Zutaten gut, so dass jedes Blatt Grünkohl mit der Öl-Knoblauch-Mischung bedeckt ist.

4. Verteile den Grünkohl gleichmäßig auf dem Backblech. Achte darauf, dass die Blätter nicht übereinander liegen, damit sie gleichmäßig knusprig werden.

5. Backe die Grünkohlchips für etwa 25 Minuten im vorgeheizten Ofen, bis sie knusprig sind. Achte darauf, sie nicht zu lange zu backen, da sie sonst verbrennen können.

6. Lass die Chips einige Minuten abkühlen, bevor du sie servierst. Sie werden beim Abkühlen noch etwas knuspriger. Guten Appetit!

Erdnussbutter-Bananen-Snack

Zubereitungszeit: 10 Minuten
Portionen: 1 Person

Zutaten:

- 1 reife Banane, in Scheiben geschnitten
- 2 EL Erdnussbutter, ungesüßt und ohne Zusätze
- 1 EL Kokosflocken, ungesüßt
- 1 EL Leinsamen, ganz
- 1 EL Mandeln, gehackt

Zubereitung:

1. Lege die Bananenscheiben auf einen sauberen Teller.

2. Verteile die Erdnussbutter gleichmäßig über die Bananenscheiben. Am besten geht das mit einem kleinen Löffel oder Spatel.

3. Bestreue die Bananen-Erdnussbutter-Scheiben mit den Kokosflocken.

4. Gib die Leinsamen darüber.

5. Toppe das Ganze zum Schluss mit den gehackten Mandeln.

6. Genieße deinen basischen Snack sofort oder kühl ihn für später.

Hauptgerichte

Süßkartoffel-Spinat-Curry

Zubereitungszeit: 15 Minuten + 20 Minuten Kochzeit
Portionen: 1 Person

Zutaten:

- 200 g Süßkartoffel, geschält und in kleine Würfel geschnitten
- 100 g frischer Spinat, gewaschen und grob gehackt
- 1 rote Paprika, entkernt und in Streifen geschnitten
- 1 kleine Zwiebel, fein gewürfelt
- 2 EL natives Olivenöl extra
- 1 EL Currypulver
- 1 TL Kreuzkümmel
- 1 TL Kurkuma
- 250 ml Gemüsebrühe, ohne Hefe & Geschmacksverstärker
- 100 ml Kokosmilch
- Salz und Pfeffer nach Geschmack

Zubereitung:

1. Erhitze das Olivenöl in einer großen Pfanne über mittlerer Hitze. Gib die Zwiebel dazu und brate sie etwa 2 Minuten an, bis sie weich wird.

2. Füge die Süßkartoffelwürfel hinzu und brate sie etwa 5 Minuten mit an, bis sie an den Rändern leicht gebräunt sind.

3. Gib die Paprikastreifen hinzu und brate alles weitere 2 Minuten.

4. Füge das Currypulver, den Kreuzkümmel und die Kurkuma hinzu. Rühre gut um, damit alle Zutaten gleichmäßig gewürzt sind.

5. Gieße die Gemüsebrühe in die Pfanne und bringe alles zum Köcheln. Lasse das Curry etwa 10 Minuten köcheln, bis die Süßkartoffel weich ist.

6. Füge den Spinat hinzu und rühre um, bis er welk ist. Gieße dann die Kokosmilch hinein und lass das Curry weitere 2 Minuten köcheln.

7. Schmecke das Curry mit Salz und Pfeffer ab und serviere es heiß.

Quinoa-Stirfry mit Gemüse

Zubereitungszeit: 15 Minuten + 20 Minuten Kochzeit
Portionen: 1 Person

Zutaten:

- 60 g Quinoa, bereits gekocht
- 100 g Brokkoli, in kleine Röschen geteilt
- 80 g Karotten, in dünne Scheiben geschnitten
- 80 g rote Paprika, in Streifen geschnitten
- 1 kleiner Frühlingszwiebel, fein gehackt
- 1 EL natives Olivenöl extra
- 1 TL Kurkuma
- Salz und Pfeffer nach Geschmack
- 1 EL frisch gehackter Koriander
- Saft einer halben Bio-Zitrone

Zubereitung:

1. Erhitze das Olivenöl in einer Pfanne über mittlerer Hitze.

2. Füge die Karotten hinzu und brate sie für etwa 3 Minuten an, bis sie leicht weich werden.

3. Füge nun den Brokkoli und die Paprika hinzu. Brate das Gemüse weitere 5 Minuten an, bis es gar ist.

4. Gib die Frühlingszwiebeln in die Pfanne und brate sie kurz mit dem Gemüse mit.

5. Nun füge den bereits gekochten Quinoa, Kurkuma, Salz und Pfeffer hinzu. Mische alles gut durch und brate es Weitere 3-4 Minuten an.

6. Zum Schluss gib den Zitronensaft und den frisch gehackten Koriander hinzu. Verrühre alles gut und nehme die Pfanne vom Herd.

Auberginen-Linsen-Tajine

Zubereitungszeit: 10 Minuten + 40 Minuten Kochzeit
Portionen: 1 Person

Zutaten:

- 100 g grüne Linsen, gewaschen
- 1 kleine Aubergine, gewürfelt
- 250 ml Wasser
- 1 kleine Zwiebel, fein gehackt
- 2 EL natives Olivenöl extra
- 1 kleine rote Paprika, gewürfelt
- 1 TL Kreuzkümmel
- 1 TL Kurkuma
- Salz und Pfeffer nach Geschmack
- Eine Handvoll frische Petersilie, gehackt

Zubereitung:

1. Setze einen Topf mit den grünen Linsen und Wasser auf den Herd und bringe sie zum Kochen. Reduziere dann die Hitze und lasse die Linsen 30 Minuten köcheln.

2. Während die Linsen kochen, erhitzt du das Olivenöl in einer Pfanne bei mittlerer Hitze. Gib die gehackte Zwiebel hinzu und dünste sie, bis sie glasig ist.

3. Füge die gewürfelte Aubergine und Paprika hinzu. Kochen Sie sie unter Rühren etwa 5 Minuten lang, bis sie weich werden.

4. Streue den Kreuzkümmel und Kurkuma über das Gemüse. Rühre alles gut um, sodass die Gewürze das Gemüse gleichmäßig bedecken. Lasse es noch weitere 2 Minuten kochen.

5. Sobald die Linsen fertig gekocht sind, gieße überschüssiges Wasser ab und füge sie dem Gemüse in der Pfanne hinzu. Mische alles gut und lasse es weitere 5 Minuten köcheln.

6. Würze mit Salz und Pfeffer nach deinem Geschmack. Streue zum Schluss die frische Petersilie darüber. Genieße deine köstliche Tajine!

Spinat-Risotto

Zubereitungszeit: 10 Minuten + 20 Minuten Kochzeit
Portionen: 1 Person

Zutaten:

- 50 g Risottoreis
- 200 ml Gemüsebrühe, ohne Hefe & Geschmacksverstärker
- 70 g frischer Spinat, gründlich gewaschen und grob gehackt
- 1 kleine Zwiebel, fein gewürfelt
- 1 kleine Karotte, fein gewürfelt
- 1 EL natives Olivenöl extra
- 1 Prise Muskatnuss
- Salz und Pfeffer nach Geschmack
- 1 EL Mandelblättchen, geröstet für die Dekoration
- 1 EL Bio-Zitronensaft, frisch gepresst

Zubereitung:

1. Erhitze das Olivenöl in einer tiefen Pfanne über mittlerer Hitze.

2. Füge die Zwiebel und Karotte hinzu und dünste sie, bis sie weich sind.

3. Gib den Risottoreis in die Pfanne und rühre um, bis der Reis gut mit dem Gemüse vermischt ist.

4. Gieße nun die Hälfte der Gemüsebrühe hinzu und rühre ständig um, bis die Brühe fast vollständig vom Reis aufgenommen wurde.

5. Füge den gehackten Spinat hinzu und rühre gut um, bis der Spinat zusammenfällt.

6. Gib nach und nach den Rest der Brühe hinzu, immer unter ständigem Rühren, damit der Reis nicht anbrennt und eine cremige Konsistenz erhält.

7. Wenn der Reis weich ist, würze das Risotto mit Salz, Pfeffer, Muskat und Zitronensaft.

8. Gib das Risotto in einen tiefen Teller, bestreue es mit gerösteten Mandelblättchen und serviere es sofort.

Zucchini-Nudeln mit Avocadosoße

Zubereitungszeit: 10 Minuten + 5 Minuten Kochzeit
Portionen: 1 Person

Zutaten:

- 1 mittelgroße Zucchini, gewaschen und in lange Streifen geschnitten (wie Nudeln)
- 1 reife Avocado, halbiert und entkernt
- Saft einer halben Bio-Zitrone, frisch gepresst
- 1 EL natives Olivenöl extra
- 1 kleine Knoblauchzehe, fein gehackt
- Salz und Pfeffer nach Geschmack
- Einige Blätter frisches Basilikum, gewaschen und gehackt
- 30 g Pinienkerne, geröstet

Zubereitung:

1. Bring zunächst einen Topf mit Wasser zum Kochen. Sobald es kocht, füge die Zucchini-Streifen hinzu und lass sie etwa 2-3 Minuten garen, bis sie weich, aber noch bissfest sind.

2. Während die Zucchini kocht, bereite die Avocadosoße vor. Entferne das Fruchtfleisch der Avocado und gib es in einen Mixer. Füge den Zitronensaft, das Olivenöl, den Knoblauch sowie Salz und Pfeffer hinzu. Mixe alles zu einer glatten, cremigen Soße.

3. Wenn die Zucchini fertig ist, gieße das Wasser ab und gib die Zucchini-Nudeln in eine Schüssel. Gib die Avocadosoße darüber und mische alles gut durch.

4. Serviere die Zucchini-Nudeln mit Avocadosoße, indem du sie mit den gehackten Basilikumblättern und den gerösteten Pinienkernen garnierst.

Linsen-Kichererbsen-Burger

Zubereitungszeit: 15 Minuten + 20 Minuten Backzeit
Portionen: 2 Burger

Zutaten:

- 75 g Grüne Linsen, abgespült und abgetropft
- 100 g Kichererbsen, abgespült und abgetropft
- 1 kleine rote Zwiebel, fein gehackt
- 1 EL frischer Koriander, gehackt
- 1 EL frischer Petersilie, gehackt
- 2 EL natives Olivenöl extra
- Salz und Pfeffer nach Geschmack
- 1 EL Chiasamen, in 3 EL Wasser eingeweicht
- 50 g Haferflocken, gemahlen
- 1 TL Kreuzkümmel
- 1 TL Paprikapulver, edelsüß

Zubereitung:

1. Koche die grünen Linsen nach den Anweisungen auf der Packung. Lass sie anschließend abkühlen.

2. In einer Pfanne erhitze 1 EL Olivenöl und dünste die rote Zwiebel darin, bis sie weich und leicht gebräunt ist.

3. In einer Schüssel vermische die Linsen, Kichererbsen, die gedünstete Zwiebel, Koriander, Petersilie, Salz und Pfeffer.

4. Füge die eingeweichten Chiasamen hinzu und mische erneut gründlich durch.

5. Gib die gemahlenen Haferflocken, Kreuzkümmel und Paprikapulver hinzu. Knete alles gut durch, bis eine gleichmäßige Masse entsteht.

6. Forme aus der Masse zwei Burger-Patties und lege sie auf ein mit Backpapier ausgelegtes Backblech.

7. Bestreiche die Patties mit dem restlichen Olivenöl und backe sie bei 180 Grad für etwa 20 Minuten oder bis sie fest und leicht gebräunt sind.

8. Lass die Burger vor dem Servieren ein paar Minuten abkühlen.

Gemüse-Tofu-Stirfry

Zubereitungszeit: 15 Minuten + 10 Minuten Kochzeit
Portionen: 1 Person

Zutaten:

- 100 g Tofu, in Würfel geschnitten
- 200 g gemischtes Gemüse, zum Beispiel Brokkoli, Paprika und Karotten, in kleine Stücke geschnitten
- 1 rote Zwiebel, gewürfelt
- 1 EL natives Olivenöl extra
- 1 TL Kurkuma
- 1 TL gemahlener Kreuzkümmel
- 50 ml Gemüsebrühe
- 1 EL frisch gehackter Ingwer
- 1 EL frisch gehackte Petersilie
- Salz und Pfeffer nach Geschmack

Zubereitung:

1. Erhitze das Olivenöl in einer großen Pfanne über mittlerer Hitze. Gib die Zwiebel hinzu und brate sie an, bis sie durchsichtig wird.

2. Füge den Tofu hinzu und brate ihn weiter an, bis er von allen Seiten goldbraun ist.

3. Gib das Gemüse, Kurkuma, Kreuzkümmel und Ingwer hinzu und mische alles gut durch. Koche weiter für etwa 5 Minuten, bis das Gemüse weich ist, aber noch Biss hat.

4. Gieße die Gemüsebrühe hinzu, reduziere die Hitze auf niedrig und lass das Ganze noch etwa 3 Minuten köcheln.

5. Schmecke mit Salz und Pfeffer ab und garniere mit frisch gehackter Petersilie.

6. Dein Stirfry ist nun fertig zum Genießen.

Auberginen-Pilz-Lasagne

Zubereitungszeit: 15 Minuten + 25 Minuten Backzeit
Portionen: 1 Person

Zutaten:

- 1 kleine Aubergine, in dünne Scheiben geschnitten
- 150 g frische Pilze (z.B. Champignons), in Scheiben geschnitten
- 100 g Spinat, gewaschen
- 200 g Mandelmilch
- 30 g Buchweizenmehl
- 2 EL natives Olivenöl extra
- 1 TL Meersalz
- 1/2 TL frisch gemahlener schwarzer Pfeffer
- 1/2 TL Muskatnuss
- 150 g Dinkel-Lasagneblätter

Zubereitung:

1. Heize den Ofen auf 180 Grad vor. Währenddessen brate die Auberginenscheiben in einer Pfanne mit 1 EL Olivenöl an, bis sie leicht gebräunt sind. Setze sie zur Seite.

2. Brate nun die Pilze in der gleichen Pfanne an, bis sie weich sind. Mische den Spinat unter und koche das Ganze, bis der Spinat welk ist. Lege die Pilz-Spinat-Mischung zur Seite.

3. Mache jetzt eine basische Bechamelsauce. Erhitze 1 EL Olivenöl in einem Topf, füge das Buchweizenmehl hinzu und rühre es etwa 2 Minuten lang, um eine Mehlschwitze zu bilden.

4. Gieße die Mandelmilch langsam ein, während du stetig rührst. Füge Salz, Pfeffer und Muskat hinzu. Lass die Sauce unter ständigem Rühren etwa 5 Minuten köcheln, bis sie dickflüssig wird.

5. Nun kannst du die Lasagne zusammenstellen. Beginne mit einer Schicht Bechamelsauce auf dem Boden der Auflaufform. Lege darauf eine Schicht Lasagneblätter, gefolgt von Auberginenscheiben und der Pilz-Spinat-Mischung. Wiederhole diesen Schritt, bis alle Zutaten verbraucht sind, und beende mit einer Schicht Bechamelsauce.

6. Backe die Lasagne etwa 25 Minuten lang, bis sie goldbraun ist. Lass sie kurz abkühlen, bevor du sie genießt!

Karotten-Kokos-Curry

Zubereitungszeit: 15 Minuten + 15 Minuten Kochzeit
Portionen: 1 Person

Zutaten:

- 2 große Karotten, geschält und in Scheiben geschnitten
- 1 kleine Zwiebel, gewürfelt
- 2 EL Kokosöl
- 150 ml Kokosmilch
- 1 TL Kurkuma
- 1 TL Ingwer, frisch gerieben
- 1 EL Currypulver
- 200 g Kichererbsen, abgetropft und abgespült
- Salz und Pfeffer nach Geschmack
- Frische Kräuter (z.B. Koriander oder Petersilie), zum Garnieren
- 50 g Quinoa, gekocht

Zubereitung:

1. Erhitze das Kokosöl in einer Pfanne und füge die gewürfelte Zwiebel hinzu. Dünste sie, bis sie glasig sind.

2. Füge nun die Karottenscheiben hinzu und dünste sie weitere 5 Minuten, bis sie leicht weich sind.

3. Gib Currypulver, Kurkuma und geriebenen Ingwer in die Pfanne und mische alles gut durch, bis die Gewürze gut verteilt sind und die Karotten und Zwiebeln bedecken.

4. Jetzt füge die Kichererbsen hinzu und gieße die Kokosmilch darüber. Lasse das Ganze bei mittlerer Hitze etwa 10 Minuten köcheln, bis die Karotten vollständig weich sind und die Sauce etwas eingedickt ist.

5. Schmecke das Curry mit Salz und Pfeffer ab und serviere es über dem gekochten Quinoa. Garniere das Gericht mit frischen Kräutern nach Wahl.

Quinoa-Gemüse-Paella

Zubereitungszeit: 15 Minuten + 25 Minuten Kochzeit
Portionen: 1 Person

Zutaten:

- 50 g Quinoa, gründlich gewaschen
- 200 ml Gemüsebrühe
- 1 EL natives Olivenöl extra
- 1 kleine Zwiebel, fein gehackt
- 1 kleine rote Paprika, gewürfelt
- 1 kleine gelbe Paprika, gewürfelt
- 50 g Erbsen, tiefgefroren
- 50 g grüne Bohnen, frisch und geschnitten
- 1 TL Paprikapulver, edelsüß
- 1 Prise Safran, gemahlen
- Salz und Pfeffer nach Geschmack
- Frische Petersilie, gehackt, zum Garnieren

Zubereitung:

1. Erhitze das Olivenöl in einer Pfanne bei mittlerer Hitze. Gib die gehackte Zwiebel hinein und dünste sie, bis sie glasig wird.

2. Füge nun die gewürfelte rote und gelbe Paprika hinzu. Brate das Gemüse für etwa 5 Minuten, bis es weich wird.

3. Gib nun Quinoa, Gemüsebrühe, Paprikapulver, Safran, Salz und Pfeffer in die Pfanne. Rühre alles gut durch, um sicherzustellen, dass die Quinoa vollständig mit der Brühe bedeckt ist.

4. Lass die Mischung aufkochen und reduziere dann die Hitze auf ein Minimum. Bedecke die Pfanne und lass sie 15 Minuten lang köcheln, bis die Quinoa gekocht ist und die Flüssigkeit absorbiert hat.

5. In den letzten 5 Minuten der Kochzeit füge die Erbsen und die grünen Bohnen hinzu. Rühre sie unter und lass sie mitkochen, bis sie durch sind.

6. Überprüfe, ob die Quinoa gekocht ist. Sie sollte weich sein und die gesamte Flüssigkeit sollte absorbiert sein. Wenn nicht, lass die Pfanne noch ein paar Minuten auf dem Herd stehen.

7. Sobald die Quinoa gekocht ist, nimm die Pfanne vom Herd. Lass die Paella ein paar Minuten abkühlen, bevor du sie mit frischer Petersilie garnierst und servierst.

Getränke

Grünkohl-Gurken-Smoothie

Zubereitungszeit: 10 Minuten + 5 Minuten Ruhezeit
Portionen: 1 Person

Zutaten:

- 100 g Grünkohl, gewaschen und von den Stielen befreit
- 1 große Gurke (ca. 200 g), gewaschen und in Stücke geschnitten
- 1 Apfel (ca. 150 g), gewaschen und entkernt
- Saft von einer halben Bio-Zitrone (ca. 30 ml)
- 20 g frischer Ingwer, geschält und in Scheiben geschnitten
- 10 g Chiasamen
- 250 ml Wasser
- Eine Prise Salz (optional)

Zubereitung:

1. Nimm einen leistungsstarken Mixer und gib alle Zutaten hinein, beginnend mit dem Grünkohl, dann der Gurke, dem Apfel, dem Ingwer und den Chiasamen. Zum Schluss gibst du das Wasser, den Zitronensaft und optional eine Prise Salz hinzu.

2. Mixe alles für ca. 2 Minuten auf hoher Stufe, bis du einen glatten, gleichmäßigen Smoothie hast.

3. Lass den Smoothie für etwa 5 Minuten ruhen. Die Chiasamen werden etwas aufquellen und dem Smoothie eine angenehme, leicht sämige Konsistenz verleihen.

4. Nach der Ruhezeit mixe den Smoothie noch einmal kurz durch. Jetzt ist dein Smoothie fertig zum Genießen!

Himbeer-Mandel-Smoothie

Zubereitungszeit: 5 Minuten + 10 Minuten Einweichen der Mandeln
Portionen: 1 Person

Zutaten:

- 30 g ganze Mandeln, einge-weicht und abgespült
- 120 g frische Himbeeren, gewa-schen
- 1 EL Chiasamen
- 250 ml Mandelmilch, ungesüßt
- 1 EL Agavendicksaft
- 1 TL Vanilleextrakt

Zubereitung:

1. Weiche die Mandeln in einem kleinen Gefäß mit Wasser für mindestens 10 Minuten ein. Nach der Einweichzeit gieße das Wasser ab und spüle die Mandeln unter fließendem Wasser ab.

2. Gib die abgespülten Mandeln in einen Mixer. Füge die frischen Himbeeren, die Chiasamen, die Mandelmilch, den Agavendicksaft und den Vanilleextrakt hinzu.

3. Mixe alle Zutaten auf höchster Stufe für ca. 2 Minuten, bis eine cremige und gleichmäßige Konsistenz erreicht ist.

4. Gieße den Smoothie in ein Glas und serviere ihn sofort. Genieße diesen erfrischenden und nährstoffreichen Smoothie als schnelles Frühstück oder als leckeren Snack für zwischendurch.

Karotten-Ingwer-Saft

Zubereitungszeit: 15 Minuten + 10 Minuten Ruhezeit
Portionen: 1 Person

Zutaten:

- 200 g Karotten, gewaschen und in grobe Stücke geschnitten
- 20 g frischer Ingwer, geschält und in dünne Scheiben geschnitten
- 1 EL frischer Bio-Zitronensaft
- 250 ml Wasser
- Eine Prise Meersalz
- Ein paar Minzblätter für die Garnierung

Zubereitung:

1. Gib die Karottenstücke und den Ingwer in einen starken Mixer oder Entsafter.
2. Füge das Wasser hinzu und mixe alles auf höchster Stufe, bis eine gleichmäßige Mischung entsteht.
3. Lasse die Mischung für ca. 10 Minuten stehen, damit die Aromen sich gut entfalten können.
4. Nun nimm ein Sieb und gieße die Mischung hindurch in ein Glas, um die festen Bestandteile zu entfernen.
5. Füge den Zitronensaft und eine Prise Meersalz hinzu. Rühre gut um, bis alles gut vermischt ist.
6. Garniere den Saft mit einigen frischen Minzblättern und genieße ihn am besten sofort.

Gurken-Minze-Wasser

Zubereitungszeit: 10 Minuten + 2 Stunden Kühlzeit
Portionen: 1 Person

Zutaten:

- 1 Bio-Gurke, gewaschen und in dünne Scheiben geschnitten
- 10 frische Minzblätter, gewaschen
- 1 Liter gefiltertes Wasser
- 1 EL Bio-Zitronensaft, frisch gepresst

Zubereitung:

1. Schneide zuerst die Gurke in dünne Scheiben. Stelle sicher, dass du sie gut wäschst, um eventuelle Rückstände zu entfernen.

2. Nimm danach die Minzblätter und wasche sie gründlich unter fließendem Wasser.

3. Jetzt brauchst du ein großes Glas oder eine Karaffe. Fülle sie mit dem gefilterten Wasser.

4. Gib nun die Gurkenscheiben und Minzblätter in das Wasser. Drücke sie leicht mit einem Löffel nach unten, sodass sie gut im Wasser verteilt sind.

5. Zum Schluss gibst du den frisch gepressten Zitronensaft dazu. Das sorgt für einen kleinen erfrischenden Kick.

6. Stelle die Karaffe für mindestens 2 Stunden in den Kühlschrank. So können die Aromen der Gurke und Minze richtig ins Wasser einziehen.

7. Vor dem Servieren kannst du das Wasser noch einmal umrühren. Jetzt ist dein erfrischendes Gurken-Minze-Wasser fertig zum Genießen!

Rote Beete-Grünkohl-Saft

Zubereitungszeit: 10 Minuten
Portionen: 1 Person

Zutaten:

- 1 mittelgroße Rote Beete, geschält und in Viertel geschnitten
- 2 Handvoll frischer Grünkohl, grob gehackt
- 1 kleiner Apfel, entkernt und in Viertel geschnitten
- 1 Stange Sellerie, grob geschnitten
- 1 Stück frischer Ingwer (ca. 1 cm), geschält und in dünne Scheiben geschnitten
- 1 TL Bio-Zitronensaft
- 1 Prise Salz

Zubereitung:

1. Reinige zuerst alle Zutaten gründlich unter fließendem Wasser.

2. Lege die Rote Beete, den Grünkohl, den Apfel, die Sellerie und den Ingwer in den Entsafter. Achte darauf, die festen Zutaten zuerst einzufüllen, um eine effiziente Saftausbeute zu gewährleisten.

3. Lass den Saft durch einen Feinsieb in ein großes Glas laufen, um eventuelle Reste von Fruchtfleisch und Fasern zu entfernen.

4. Füge den Zitronensaft und eine Prise Salz hinzu, um die Aromen zu intensivieren. Rühre den Saft gut um, bis sich alles gut vermischt hat.

5. Genieße den Saft sofort, um die maximalen gesundheitlichen Vorteile zu nutzen. Wenn du möchtest, kannst du ihn auch für bis zu 24 Stunden im Kühlschrank aufbewahren.

Basisches Detox-Wasser

Zubereitungszeit: 10 Minuten + 2 Stunden Ruhezeit
Portionen: 1 Person

Zutaten:

- 1 mittelgroße Bio-Gurke, gewaschen und in Scheiben geschnitten
- 2 Bio-Zitronen, gewaschen und in Scheiben geschnitten
- 1 Bio-Orange, gewaschen und in Scheiben geschnitten
- 1 Bund frische Minze, gewaschen
- 1 Liter gefiltertes Wasser

Zubereitung:

1. Lege die Gurkenscheiben in ein großes Einmachglas.

2. Füge die Zitronen- und Orangenscheiben hinzu.

3. Lege die Minze in das Glas und drücke sie leicht mit einem Löffel, um ihr Aroma freizusetzen.

4. Gieße das gefilterte Wasser in das Glas und rühre gut um, um alle Zutaten zu vermischen.

5. Decke das Glas ab und lass es mindestens 2 Stunden, besser noch über Nacht, im Kühlschrank ziehen.

6. Vor dem Genuss das Detox-Wasser durch ein Sieb gießen, um die Früchte und die Minze zu entfernen.

Rote Beete-Apfel-Saft

Zubereitungszeit: 15 Minuten
Portionen: 1 Person

Zutaten:

- 2 Rote Beeten, geschält und in Würfel geschnitten (ca. 200 g)
- 1 Apfel, Kerngehäuse entfernt und in Würfel geschnitten (ca. 150 g)
- 1 EL frisch gepresster Bio-Zitronensaft
- 1 TL frischer Ingwer, gerieben
- 1 EL Agavendicksaft
- 200 ml kaltes Wasser

Zubereitung:

1. Nimm zuerst deine Rote Beeten und den Apfel, die du bereits gewürfelt hast. Gib sie in deinen Entsafter oder leistungsstarken Mixer.

2. Füge nun den frisch gepressten Zitronensaft und den geriebenen Ingwer hinzu. Agavendicksaft bringt eine leichte Süße in deinen Saft, gib also auch diesen dazu.

3. Nun ist es Zeit für das kalte Wasser. Gib es in den Mixer und lasse das Ganze etwa eine Minute auf höchster Stufe mixen, bis alles gut vermischt und der Saft eine glatte Konsistenz hat.

4. Lass den Saft danach noch zwei Minuten ruhen, damit sich die Aromen gut verbinden können. Anschließend kannst du den Saft in ein Glas abseihen, um eventuelle Stückchen zu entfernen.

5. Jetzt ist dein Saft fertig zum Genießen. Trink ihn am besten gleich frisch, damit du alle Vitamine und Nährstoffe aufnehmen kannst.

Apfel-Sellerie-Smoothie

Zubereitungszeit: 10 Minuten
Portionen: 1 Person

Zutaten:

- 1 großer Apfel, gewaschen und entkernt
- 2 Stangen Sellerie, gewaschen und in grobe Stücke geschnitten
- 10 g frischer Spinat, gewaschen
- 1 EL frisch gepresster Bio-Zitronensaft
- 1 TL Ingwer, geschält und gehackt
- 250 ml Wasser, kalt
- 1 EL Chiasamen
- 1 Prise Meersalz

Zubereitung:

1. Nimm deinen Mixer und gib alle Zutaten, bis auf die Chiasamen und das Meersalz, hinein. Das Wasser sollte als letztes hinzugefügt werden, damit alle anderen Zutaten gut bedeckt sind.

2. Mixe die Zutaten auf hoher Stufe, bis du einen gleichmäßigen und cremigen Smoothie erhältst. Dies sollte etwa 1-2 Minuten dauern.

3. Füge jetzt die Chiasamen und die Prise Meersalz hinzu. Mixe nochmals kurz auf niedriger Stufe, um die Samen gut zu verteilen.

4. Gieße den Smoothie in dein Lieblingsglas und genieße ihn sofort.

Karotten-Zitronen-Saft

Zubereitungszeit: 10 Minuten
Portionen: 1 Person

Zutaten:

- 200 g Karotten, frisch und gewaschen
- 1 große Bio-Zitrone, gewaschen und halbiert
- 10 g frischer Ingwer, geschält
- 200 ml kaltes Wasser
- 1 EL frische Minze, gewaschen und fein gehackt
- 1 TL Agavendicksaft

Zubereitung:

1. Die Karotten, den Ingwer und die Zitronehälften in kleine Stücke schneiden, die in deinen Entsafter passen.

2. Die Karotten, den Ingwer und eine Zitronenhälfte in den Entsafter geben und den Saft in ein Glas pressen.

3. Den Saft aus der anderen Zitronenhälfte händisch in das Glas pressen, um sicherzustellen, dass alle wertvollen Zitrusöle im Saft landen.

4. Das kalte Wasser hinzufügen und gut umrühren.

5. Den Agavendicksaft hinzufügen und erneut umrühren, bis er sich aufgelöst hat.

6. Den Saft mit der frisch gehackten Minze garnieren und sofort genießen.

Basische Mandel-Vanille-Milch

Zubereitungszeit: 15 Minuten + 8 Stunden Einweichzeit
Portionen: 1 Person

Zutaten:

- 100 g Mandeln, über Nacht eingeweicht und abgespült
- 1 Vanilleschote, das Mark herausgekratzt
- 2 Datteln, entsteint und eingeweicht
- 500 ml Wasser, gefiltert

Zubereitung:

1. Die eingeweichten Mandeln in ein Sieb geben und gründlich abspülen.

2. Die Datteln entsteinen und mit den Mandeln in einen leistungsfähigen Mixer geben.

3. Das Mark der Vanilleschote hinzufügen und das Wasser dazu gießen.

4. Nun alles etwa 2-3 Minuten auf höchster Stufe mixen, bis eine cremige Konsistenz erreicht ist.

5. Jetzt musst du die entstandene Mischung filtern. Lege ein sauberes Küchentuch über eine Schüssel und gieße die Mischung darauf. Drücke das Tuch zusammen, sodass die Flüssigkeit in die Schüssel tropft.

6. Die zurückbleibende Mandelmasse kannst du für andere Rezepte verwenden. Die gefilterte Flüssigkeit ist deine Basische Mandel-Vanille-Milch.

7. Du kannst die Milch nun in eine Flasche füllen und im Kühlschrank aufbewahren. Vor dem Genuss gut schütteln.

Desserts

Mandelmilch-Chia-Pudding

Zubereitungszeit: 5 Minuten + 3 Stunden Ruhezeit
Portionen: 1 Person

Zutaten:

- 200 ml ungesüßte Mandelmilch
- 2 EL Chiasamen
- 1 reife Banane
- 1 EL Honig
- 1 TL Vanilleextrakt
- 1 EL gehackte Mandeln
- Eine Prise Meersalz

Zubereitung:

1. Nimm eine kleine Schüssel und gib die Chiasamen hinein. Übergieße sie mit der Mandelmilch.

2. Schäle die Banane, zerdrücke sie mit einer Gabel und füge sie in die Schüssel hinzu.

3. Gib den Honig und den Vanilleextrakt dazu. Mische alles gründlich.

4. Decke die Schüssel ab und stelle sie mindestens 3 Stunden, oder besser noch über Nacht, in den Kühlschrank.

5. Nimm die Schüssel aus dem Kühlschrank. Verrühre den Pudding noch einmal gut und gib eine Prise Meersalz dazu.

6. Gib den Pudding in ein Dessertglas und streue die gehackten Mandeln darüber.

7. Nun ist dein Pudding fertig zum Genießen!

Kokos-Bananen-Eis

Zubereitungszeit: 10 Minuten + 3 Stunden Gefrierzeit
Portionen: 1 Person

Zutaten:

- 2 reife Bananen, geschält und in Scheiben geschnitten
- 200 ml Kokosmilch, gut durchgerührt
- 1 EL Agavensirup
- 2 EL Kokosflocken, fein
- 1 TL Vanilleextrakt

Zubereitung:

1. Lege die Bananenscheiben auf ein Tablett und friere sie mindestens 3 Stunden ein.

2. Gib die eingefrorenen Bananenscheiben in einen starken Mixer. Füge die Kokosmilch, den Agavensirup und das Vanilleextrakt hinzu. Mixe alles, bis es cremig und glatt ist.

3. Gib das Eis in eine Schüssel und streue die Kokosflocken darüber.

4. Serviere das Eis sofort oder friere es erneut ein, falls du eine festere Konsistenz bevorzugst.

Quinoa-Kokos-Pudding

Zubereitungszeit: 15 Minuten + 20 Minuten Kochzeit
Portionen: 1 Person

Zutaten:

- 60 g Quinoa, gründlich gewaschen
- 200 ml Kokosmilch
- 1 reife Banane, in Scheiben geschnitten
- 1 EL Agavendicksaft
- 1 TL Vanilleextrakt
- Eine Prise Salz
- 30 g Kokosflocken, getrocknet
- Frische Beeren und Minzblätter für die Dekoration

Zubereitung:

1. Koche den Quinoa nach den Anweisungen auf der Verpackung. Achte darauf, das Korn gründlich zu waschen, um Bitterstoffe zu entfernen.

2. In der Zwischenzeit erhitzt du in einem kleinen Topf die Kokosmilch, bis sie anfängt leicht zu köcheln.

3. Sobald der Quinoa fertig gekocht ist, gibst du ihn in die heiße Kokosmilch. Dann fügst du die geschnittene Banane, den Agavendicksaft, den Vanilleextrakt und das Salz hinzu.

4. Rühre alles gut um und lass den Pudding für etwa 10 Minuten bei niedriger Hitze köcheln. Dabei rührst du gelegentlich um, um sicherzustellen, dass nichts anbrennt.

5. Während der Pudding kocht, röstest du die Kokosflocken in einer Pfanne ohne Fett, bis sie leicht goldbraun sind.

6. Nach 10 Minuten sollte der Pudding dickflüssig sein. Nimm den Topf vom Herd und lass den Pudding ein paar Minuten abkühlen.

7. Zum Servieren gibst du den Pudding in eine Schale und bestreust ihn mit den gerösteten Kokosflocken. Dazu kommen noch ein paar frische Beeren und Minzblätter für die Dekoration.

Basisches Beeren-Sorbet

Zubereitungszeit: 10 Minuten + 2 Stunden Gefrierzeit
Portionen: 1 Person

Zutaten:

- 200 g gemischte Beeren (frisch oder tiefgekühlt und aufgetaut)
- 60 ml Agavendicksaft
- 1 EL frisch gepresster Bio-Zitronensaft
- 1 TL frisch geriebener Ingwer
- Eine Prise Salz

Zubereitung:

1. Lege die Beeren in einen Mixer und gib den Agavendicksaft, Zitronensaft, Ingwer und eine Prise Salz dazu.

2. Mixe alle Zutaten, bis eine gleichmäßige Mischung entsteht. Probiere die Mischung und füge bei Bedarf mehr Agavendicksaft oder Zitronensaft hinzu.

3. Gieße die Mischung in eine flache, gefriergeeignete Form und stelle sie für etwa 2 Stunden in den Gefrierschrank, bis sie fest ist.

4. Nimm die Form aus dem Gefrierschrank und lass das Sorbet kurz antauen, um es besser portionieren zu können. Verwende dann eine Eiskugelzange oder einen Löffel, um das Sorbet in ein Schälchen zu geben.

5. Genieße das Sorbet sofort, während es noch kühl und erfrischend ist.

Apfel-Zimt-Porridge

Zubereitungszeit: 10 Minuten + 5 Minuten Ruhezeit
Portionen: 1 Person

Zutaten:

- 50 g Haferflocken, fein
- 1 Apfel, gewaschen und gewürfelt
- 250 ml Mandelmilch, ungesüßt
- 1 TL Zimt, gemahlen
- 2 TL Ahornsirup, optional
- 1 EL Mandeln, gehackt
- 1 Prise Salz

Zubereitung:

1. Nimm einen kleinen Topf und füge die Haferflocken, die gewürfelten Äpfel und die Mandelmilch hinzu. Rühre alles gut durch.

2. Stelle den Topf auf mittlere Hitze und lass das Ganze für etwa 10 Minuten köcheln. Rühre währenddessen ab und zu um.

3. Nach den 10 Minuten fügst du den Zimt und eine Prise Salz hinzu. Rühre das Ganze noch einmal gut durch und lass es dann vom Herd nehmen.

4. Lass den Porridge für etwa 5 Minuten ruhen. Dadurch bekommt er eine schönere Konsistenz.

5. Nun kannst du den Porridge in eine Schale füllen. Wenn du magst, kannst du noch Ahornsirup und gehackte Mandeln darüber geben. Fertig ist dein basisches Porridge!

Schoko-Avocado-Mousse

Zubereitungszeit: 10 Minuten + 2 Stunden Kühlzeit
Portionen: 1 Person

Zutaten:

- 1 reife Avocado, geschält und entkernt
- 2 EL rohes Kakaopulver
- 3 EL Ahornsirup
- 1 EL Mandelmilch
- 1 TL Vanilleextrakt
- Eine Prise Meersalz

Zubereitung:

1. Lege die Avocado in eine Schüssel und zerdrücke sie mit einer Gabel, bis sie cremig ist.

2. Füge das Kakaopulver, den Ahornsirup, die Mandelmilch, den Vanilleextrakt und das Meersalz hinzu.

3. Verwende einen Mixer oder Pürierstab, um die Mischung zu einer glatten und cremigen Konsistenz zu verarbeiten.

4. Gib die Mousse in eine Dessertschale und stelle sie mindestens 2 Stunden in den Kühlschrank, damit sie fest wird.

5. Nach dem Abkühlen kannst du die Mousse mit frischen Beeren oder Nüssen garnieren, wenn du möchtest. Genieße dein gesundes und leckeres Dessert!

Mandel-Vanille-Quinoa-Pudding

Zubereitungszeit: 5 Minuten + 20 Minuten Kochzeit
Portionen: 1 Person

Zutaten:

- 60 g Quinoa, gut abgespült
- 250 ml Mandelmilch
- 2 EL Honig
- 1 TL Vanilleextrakt
- 1 Prise Salz
- 15 g Mandeln, gehackt und geröstet
- Frische Früchte nach Wahl (wie z.B. Blaubeeren oder Himbeeren), zum Garnieren

Zubereitung:

1. Stelle einen mittelgroßen Topf auf mittlerer Hitze und gebe die abgespülte Quinoa hinzu. Lasse die Quinoa 2-3 Minuten trocken anrösten, bis sie leicht knistert.

2. Gib nun die Mandelmilch, Honig, Vanilleextrakt und Salz hinzu. Rühre gut um, bis alle Zutaten vermengt sind.

3. Reduziere die Hitze auf niedrig und lass die Mischung 20 Minuten köcheln. Rühre dabei gelegentlich um, damit nichts am Boden anbrennt.

4. Prüfe, ob die Quinoa gekocht ist und die Flüssigkeit aufgenommen hat. Falls nötig, lass den Pudding noch einige Minuten länger köcheln.

5. Nimm den Topf vom Herd und lass den Pudding 5 Minuten abkühlen. Währenddessen röste die Mandeln in einer Pfanne ohne Öl, bis sie goldbraun sind.

6. Gib den Pudding in eine Schüssel, bestreue ihn mit den gerösteten Mandeln und garniere mit den frischen Früchten deiner Wahl.

Kokosnuss-Kirschen-Sorbet

Zubereitungszeit: 10 Minuten + 3 Stunden Gefrierzeit
Portionen: 1 Person

Zutaten:

- 200 g entsteinte Kirschen, frisch oder tiefgekühlt
- 200 ml Kokosmilch, ungesüßt
- 60 ml Agavendicksaft
- Saft einer halben Bio-Zitrone
- 1 TL Kokosraspeln (optional)

Zubereitung:

1. Nimm die Kirschen und püriere sie in einem leistungsstarken Mixer oder einer Küchenmaschine zu einer glatten Masse. Falls du tiefgekühlte Kirschen verwendest, lass sie vorher ein wenig auftauen.

2. Füge die Kokosmilch, den Agavendicksaft und den Zitronensaft hinzu. Mixe erneut, bis alle Zutaten gut miteinander vermischt sind.

3. Gieße die Mischung in eine flache, gefrierfeste Schüssel oder ein Behältnis. Decke es ab und stelle es für etwa 3 Stunden in den Gefrierschrank. Rühre alle 30 Minuten um, um eine gleichmäßige Konsistenz zu gewährleisten.

4. Wenn das Sorbet fest genug ist, nimm es aus dem Gefrierschrank und lass es ein paar Minuten bei Raumtemperatur stehen, bevor du es servierst.

5. Streue zum Servieren einige Kokosraspeln darüber, wenn du möchtest.

Süßkartoffel-Bananen-Brownies

Zubereitungszeit: 15 Minuten + 20 Minuten Backzeit
Portionen: ca. 4 Stück

Zutaten:

- 1 große Süßkartoffel, geschält und in Würfel geschnitten
- 1 reife Banane, geschält und in Scheiben geschnitten
- 30 g Mandelmehl
- 2 EL Kakao
- 1 TL Backpulver
- 1 Prise Salz
- 2 EL Ahornsirup
- 1 EL Kokosöl
- 30 g dunkle Schokolade, in Stücke gebrochen

Zubereitung:

1. Heize deinen Ofen auf 180 Grad vor und lege eine kleine Backform mit Backpapier aus.

2. Gib die Süßkartoffelwürfel in einen Topf mit Wasser und bringe alles zum Kochen. Lass die Süßkartoffeln 10 Minuten köcheln, bis sie weich sind.

3. Während die Süßkartoffeln kochen, zerdrücke die Bananenscheiben mit einer Gabel in einer Schüssel, bis sie breiig sind.

4. Wenn die Süßkartoffeln weich sind, gieße das Wasser ab und füge die Süßkartoffeln zur Banane in der Schüssel hinzu. Mische alles gut durch.

5. Füge nun das Mandelmehl, den Kakao, das Backpulver und eine Prise Salz hinzu. Rühre alles gut um, bis es vollständig vermischt ist.

6. Gib den Ahornsirup und das Kokosöl in die Mischung und rühre erneut, bis alles gut vermischt ist.

7. Zum Schluss fügst du die dunkle Schokolade hinzu und rührst sie vorsichtig unter die Mischung.

8. Gib die Mischung in die vorbereitete Backform und streiche sie glatt.

9. Backe die Brownies 20 Minuten im vorgeheizten Ofen.

10. Lass die Brownies komplett abkühlen, bevor du sie in Stücke schneidest und genießt.

Basische Heidelbeer-Torte

Zubereitungszeit: 20 Minuten + 2 Stunden Kühlzeit
Portionen: 1 Torte (ca. 16 cm Durchmesser)

Zutaten:

- **Für den Boden:**
- 70 g Mandeln, grob gehackt
- 4 Medjool Datteln, entsteint und gehackt
- 1 TL Zimt
- **Für die Füllung:**
- 250 g frische Heidelbeeren
- 200 g Cashewkerne, über Nacht eingeweicht und abgetropft
- 4 EL Agavendicksaft
- Saft von 1/2 Bio-Zitrone
- **Für die Dekoration:**
- Einige frische Heidelbeeren
- Minzblätter

Zubereitung:

1. Beginne mit der Zubereitung des Bodens. Gib die gehackten Mandeln, Datteln und Zimt in einen Mixer und verarbeite alles zu einer krümeligen Mischung.

2. Drücke diese Mischung fest in den Boden einer kleinen Springform (16 cm Durchmesser) und stelle sie kalt.

3. Als nächstes bereitest du die Füllung vor. Gib die eingeweichten Cashewkerne, Heidelbeeren, Agavendicksaft und Zitronensaft in den Mixer. Mixe alles zu einer glatten Creme.

4. Verteile diese Creme auf dem vorbereiteten Boden und stelle die Torte für mindestens 2 Stunden in den Kühlschrank, damit sie fest wird.

5. Bevor du die Torte servierst, dekoriere sie mit frischen Heidelbeeren und Minzblättern. Genieße deine selbstgemachte Heidelbeer-Torte!

Dips und Aufstriche

Basilikum-Avocado-Aufstrich

Zubereitungszeit: 10 Minuten + 5 Minuten Ruhezeit
Portionen: 1 Person

Zutaten:

- 1 reife Avocado, geschält und entkernt
- 15 g frisches Basilikum, grob gehackt
- 30 ml natives Olivenöl extra
- 1 TL frisch gepresster Bio-Zitronensaft
- 1 TL Meersalz
- 1/2 TL schwarzer Pfeffer
- 50 g Mandeln, geschält und in Wasser eingeweicht

Zubereitung:

1. Weiche die Mandeln für mindestens 2 Stunden in Wasser ein. Dies macht sie weich genug, um einen cremigen Aufstrich zu erzeugen.

2. Gib die Avocado, das Basilikum, das Olivenöl, den Zitronensaft, das Meersalz, den Pfeffer und die eingeweichten Mandeln in einen leistungsstarken Mixer oder eine Küchenmaschine.

3. Verarbeite alle Zutaten zu einer glatten, cremigen Masse. Du kannst die Konsistenz deines Aufstrichs individuell gestalten, indem du mehr oder weniger Olivenöl hinzufügst.

4. Lass den Aufstrich für etwa 5 Minuten ruhen, um die Aromen zu verbinden.

5. Serviere deinen Aufstrich auf deinem Lieblingsbrot oder als Dip für Gemüsesticks.

Sesam-Zitrone-Hummus

Zubereitungszeit: 10 Minuten + 15 Minuten Ruhezeit
Portionen: 1 Person

Zutaten:

- 200 g Kichererbsen, abgetropft und abgespült
- 3 EL Sesamsamen, leicht geröstet
- Saft und Schale einer unbehandelten Bio-Zitrone
- 2 EL natives Olivenöl extra
- 1 kleine Knoblauchzehe, fein gehackt
- Salz und Pfeffer nach Geschmack
- 50 ml Wasser, bei Bedarf mehr
- Frische Kräuter (z.B. Petersilie), zum Garnieren

Zubereitung:

1. Gib die Kichererbsen in eine Küchenmaschine oder einen guten Mixer.
2. Füge die Sesamsamen, Zitronensaft und -schale, Olivenöl und gehackten Knoblauch hinzu.
3. Würze mit Salz und Pfeffer nach deinem Geschmack.
4. Beginne mit dem Mixen auf niedriger Stufe und erhöhe allmählich die Geschwindigkeit, bis die Zutaten zu einer glatten Masse verarbeitet sind.
5. Füge langsam das Wasser hinzu, bis die gewünschte Konsistenz erreicht ist. Du möchtest einen cremigen, streichfähigen Hummus.
6. Lass den Hummus etwa 15 Minuten ruhen, damit sich die Aromen gut vermischen können.
7. Serviere den Hummus in einer Schale und garniere mit den frischen Kräutern.

Rote Beete-Walnuss-Dip

Zubereitungszeit: 10 Minuten + 20 Minuten Ruhezeit
Portionen: 1 Person

Zutaten:

- 150 g vorgekochte Rote Beete, in Würfel geschnitten
- 50 g Walnüsse, geröstet und grob gehackt
- 2 EL frischer Bio-Zitronensaft
- 2 EL natives Olivenöl extra
- 1 kleine Knoblauchzehe, fein gehackt
- Salz und Pfeffer nach Geschmack
- Frische Petersilie, fein gehackt (für die Garnierung)

Zubereitung:

1. Die vorgekochte Rote Beete, geröstete Walnüsse, Zitronensaft, Olivenöl und Knoblauch in einen leistungsstarken Mixer geben.

2. Das Ganze zu einer glatten Paste mixen. Sollte die Mischung zu trocken sein, etwas mehr Olivenöl hinzufügen.

3. Mit Salz und Pfeffer abschmecken und gut umrühren. Den Dip anschließend für 20 Minuten im Kühlschrank ruhen lassen, damit die Aromen sich entfalten können.

4. Vor dem Servieren mit frisch gehackter Petersilie garnieren. Der Dip schmeckt hervorragend auf frischem Brot oder als Beilage zu gegrilltem Gemüse.

Spinat-Kichererbsen-Aufstrich

Zubereitungszeit: 10 Minuten + 30 Minuten Einweichzeit
Portionen: 1 Person

Zutaten:

- 200 g frischer Spinat, gewaschen und grob gehackt
- 100 g Kichererbsen, eingeweicht und abgetropft
- 1 kleine rote Zwiebel, fein gewürfelt
- 2 EL natives Olivenöl extra
- Saft von einer halben Bio-Zitrone
- 1 EL Tahini (Sesampaste)
- 1 TL Meersalz
- 1 TL schwarzer Pfeffer, frisch gemahlen

Zubereitung:

1. Lege die Kichererbsen für mindestens 30 Minuten in kaltes Wasser ein. Anschließend abtropfen lassen.

2. Erhitze 1 EL Olivenöl in einer Pfanne über mittlerer Hitze. Füge die Zwiebel hinzu und brate sie glasig an.

3. Füge den Spinat zur Pfanne hinzu und koche ihn, bis er zusammengefallen ist. Dies sollte etwa 2-3 Minuten dauern.

4. Gib den Spinat, die Zwiebel, die eingeweichten Kichererbsen, Tahini, Zitronensaft, das restliche Olivenöl, Salz und Pfeffer in eine Küchenmaschine oder einen Hochleistungsmixer.

5. Mixe die Zutaten, bis eine glatte Masse entsteht. Falls nötig, füge ein wenig Wasser hinzu, um die gewünschte Konsistenz zu erreichen.

6. Probiere den Aufstrich und füge nach Geschmack zusätzliches Salz, Pfeffer oder Zitronensaft hinzu. Dein Aufstrich ist nun fertig zum Genießen!

Zucchini-Mandel-Dip

Zubereitungszeit: 15 Minuten + 10 Minuten Ruhezeit
Portionen: 1 Person

Zutaten:

- 200 g Zucchini, gewaschen und in grobe Stücke geschnitten
- 50 g blanchierte Mandeln, grob gehackt
- 2 EL natives Olivenöl extra
- 1 EL frisch gepresster Bio-Zitronensaft
- 1 TL fein geriebene Bio-Zitronenschale
- 1 Prise Meersalz
- 1 Prise frisch gemahlener schwarzer Pfeffer
- Frische Kräuter nach Wahl (z.B. Basilikum, Petersilie), fein gehackt

Zubereitung:

1. Heize deine Pfanne auf mittlerer Hitze vor und gib die gehackten Mandeln hinein. Röste sie, bis sie leicht gebräunt und duftend sind, aber achte darauf, sie nicht zu verbrennen. Das dauert etwa 3 bis 5 Minuten. Nimm die Pfanne vom Herd und lass die Mandeln abkühlen.

2. In der Zwischenzeit nimm deine Zucchini und schneide sie in grobe Stücke. Du brauchst keinen Hochleistungsmixer, ein einfacher Pürierstab reicht hier aus.

3. Gib die Zucchinistücke, das Olivenöl, den Zitronensaft, die Zitronenschale, Salz und Pfeffer in eine hohe Rührschüssel. Füge die abgekühlten Mandeln hinzu und püriere alles zu einer glatten Masse.

4. Lass den Dip etwa 10 Minuten ruhen, damit sich die Aromen gut vermischen können. Schmecke ihn ab und füge gegebenenfalls noch etwas Salz, Pfeffer oder Zitronensaft hinzu.

5. Vor dem Servieren streue die fein gehackten Kräuter darüber.

Basische Guacamole

Zubereitungszeit: 15 Minuten + 30 Minuten Ruhezeit
Portionen: 1 Person

Zutaten:

- 1 reife Avocado, entkernt und geschält
- Saft von 1/2 Bio-Zitrone, frisch gepresst
- 1 kleine rote Zwiebel, fein gewürfelt
- 1 Tomate, entkernt und fein gewürfelt
- 1/4 TL Salz, mehr nach Geschmack
- 1/4 TL schwarzer Pfeffer, frisch gemahlen
- 1 EL frisch gehackter Koriander

Zubereitung:

1. Schneide die Avocado in der Mitte durch und entkerne sie. Löffle das Fruchtfleisch heraus und gebe es in eine mittelgroße Schüssel.

2. Zerdrücke das Avocadofruchtfleisch mit einer Gabel zu einer groben Paste. Du kannst sie so grob oder fein machen, wie du möchtest. Ich persönlich bevorzuge eine etwas grobe Textur.

3. Füge den frisch gepressten Zitronensaft hinzu und mische gut. Dies hilft, die Avocado vor dem Braunwerden zu schützen und fügt einen schönen säuerlichen Geschmack hinzu.

4. Jetzt fügst du die fein gewürfelte rote Zwiebel und die gewürfelte Tomate hinzu. Mische alles gut durch.

5. Gib Salz und frisch gemahlenen schwarzen Pfeffer hinzu. Beginne mit der angegebenen Menge und schmecke dann ab. Du kannst immer mehr hinzufügen, also starte vorsichtig.

6. Streue den frisch gehackten Koriander über die Guacamole und mische ihn gut unter.

7. Lass die Guacamole für etwa 30 Minuten ruhen, damit sich die Aromen vermischen können. Bewahre sie bis zum Servieren im Kühlschrank auf.

Gurken-Dill-Joghurt-Aufstrich

Zubereitungszeit: 10 Minuten + 1 Stunde Kühlen
Portionen: 1 Person

Zutaten:

- 1 frische Salatgurke, gewaschen und gerieben
- 150 g Naturjoghurt (pflanzlich, z.B. auf Soja- oder Mandelbasis)
- 1 EL frischer Dill, fein gehackt
- 1 TL Bio-Zitronensaft
- 1 EL natives Olivenöl extra
- Salz und Pfeffer nach Geschmack
- Eine Prise Paprika (optional)

Zubereitung:

1. Die Gurke gründlich waschen und reiben. Achte darauf, dass die Gurke fein genug gerieben ist, um sich gut mit den anderen Zutaten zu vermischen.

2. Den Dill fein hacken. Stelle sicher, dass du genug Dill hast, um einen vollen EL zu füllen.

3. Mische in einer Schüssel die geriebene Gurke, den gehackten Dill, den Naturjoghurt, den Zitronensaft und das Olivenöl. Rühre alles gut um, bis die Zutaten gut vermischt sind.

4. Würze die Mischung mit Salz, Pfeffer und falls gewünscht, einer Prise Paprika. Probiere den Aufstrich, um zu prüfen, ob du die Würze anpassen musst.

5. Stelle den Aufstrich für mindestens 1 Stunde in den Kühlschrank, um die Aromen zu intensivieren. Vor dem Servieren noch einmal umrühren.

Avocado-Limetten-Dip

Zubereitungszeit: 10 Minuten + 30 Minuten Kühlzeit
Portionen: 1 Person

Zutaten:

- 1 reife Avocado, halbiert und entkernt
- Saft von 1 frischen Bio-Limette (etwa 30 ml)
- 2 EL gehackter frischer Koriander
- 1 frische grüne Chili, entkernt und fein gehackt
- 1 EL natives Olivenöl extra
- Eine Prise Salz
- Eine Prise frisch gemahlener schwarzer Pfeffer

Zubereitung:

1. Nimm die halbierte Avocado und löffle das Fruchtfleisch in eine mittelgroße Schüssel.

2. Gib den frisch gepressten Limettensaft, den gehackten Koriander, die fein gehackte grüne Chili und das Olivenöl dazu.

3. Würze die Mischung mit einer Prise Salz und frisch gemahlenem schwarzem Pfeffer.

4. Mit einer Gabel gut durchmischen, bis eine gleichmäßige, cremige Konsistenz erreicht ist. Falls du es lieber etwas stückiger magst, kannst du weniger mischen.

5. Decke die Schüssel ab und stelle sie für mindestens 30 Minuten in den Kühlschrank, damit die Aromen gut durchziehen können.

6. Vor dem Servieren gut umrühren und bei Bedarf nachwürzen. Genieße diesen erfrischenden Dip mit knackigem Gemüse oder basischem Brot.

Süßkartoffel-Hummus

Zubereitungszeit: 15 Minuten + 20 Minuten Backzeit
Portionen: 1 Person

Zutaten:

- 1 mittelgroße Süßkartoffel (etwa 200 g), geschält und in Würfel geschnitten
- 60 ml natives Olivenöl extra
- 200 g Kichererbsen aus der Dose, abgespült und abgetropft
- 1 EL frisch gepresster Bio-Zitronensaft
- 2 TL Tahini (Sesampaste)
- 1 kleine Knoblauchzehe, geschält
- 1 TL Kreuzkümmel
- Salz und frisch gemahlener schwarzer Pfeffer nach Geschmack
- Frisches Basilikum zur Dekoration

Zubereitung:

1. Heize den Backofen auf 200 Grad vor. Lege die Süßkartoffelwürfel auf ein mit Backpapier ausgelegtes Backblech und beträufle sie mit 1 EL Olivenöl. Backe sie 20 Minuten oder bis sie weich sind.

2. Während die Süßkartoffel im Ofen ist, kannst du mit der Zubereitung des Hummus beginnen. Gib die Kichererbsen, den Zitronensaft, das Tahini, den Knoblauch, den Kreuzkümmel und das restliche Olivenöl in einen Mixer oder eine Küchenmaschine.

3. Wenn die Süßkartoffel fertig ist, füge sie der Mischung im Mixer hinzu. Mixe alles zusammen, bis eine glatte Paste entsteht.

4. Schmecke das Hummus mit Salz und Pfeffer ab und verfeinere es nach Belieben mit mehr Zitronensaft oder Olivenöl.

5. Garniere das fertige Hummus mit ein paar Blättern frischem Basilikum und serviere es.

Basische Brokkoli-Pesto

Zubereitungszeit: 15 Minuten + 30 Minuten Ruhezeit
Portionen: 1 Person

Zutaten:

- 200 g frischer Brokkoli, in Röschen zerteilt
- 60 g Mandeln, geschält und in Stücke gehackt
- 80 ml natives Olivenöl extra
- 2 EL Bio-Zitronensaft, frisch gepresst
- 1 Handvoll frisches Basilikum, grob gehackt
- 1 kleine Schalotte, fein gewürfelt
- Meersalz nach Geschmack

Zubereitung:

1. Dämpfe den Brokkoli etwa 5 Minuten lang, bis er gerade weich ist. Lass ihn dann abkühlen.

2. Röste die Mandeln in einer trockenen Pfanne bei mittlerer Hitze etwa 3 Minuten lang, bis sie duften und leicht gebräunt sind. Lass sie abkühlen.

3. Gib den Brokkoli, die Mandeln, das Olivenöl, den Zitronensaft, das Basilikum und die Schalotte in einen Mixer.

4. Verarbeite alle Zutaten bis zur gewünschten Konsistenz. Je nach Vorliebe kannst du dein Pesto grob oder fein pürieren.

5. Schmecke das Pesto mit Meersalz ab und lass es etwa 30 Minuten ziehen, damit die Aromen sich entfalten können.

6. Dein basisches Brokkoli-Pesto ist nun bereit, genossen zu werden! Du kannst es als Dip verwenden, auf Brot streichen oder mit Nudeln mischen.

Beilagen

Geröstete Rosmarin-Süßkartoffeln

Zubereitungszeit: 10 Minuten + 35 Minuten Garzeit
Portionen: 1 Person

Zutaten:

- 1 mittelgroße Süßkartoffel (gewaschen und in 2 cm dicke Scheiben geschnitten)
- 2 EL natives Olivenöl extra
- 2 Zweige frischer Rosmarin, fein gehackt
- Salz und Pfeffer nach Geschmack
- 1 EL Bio-Zitronensaft

Zubereitung:

1. Heize den Ofen auf 200 Grad vor.

2. In einer mittelgroßen Schüssel mischst du die Süßkartoffelscheiben, das Olivenöl, den gehackten Rosmarin, Salz und Pfeffer zusammen.

3. Lege die gewürzten Süßkartoffelscheiben auf ein mit Backpapier ausgelegtes Backblech und sorge dafür, dass sie nicht überlappen.

4. Röste die Süßkartoffeln etwa 30-35 Minuten im Ofen oder bis sie schön goldbraun und knusprig sind.

5. Nimm das Backblech aus dem Ofen und beträufle die Süßkartoffeln mit dem Zitronensaft, bevor du sie servierst.

Gerösteter Brokkoli mit Sesam

Zubereitungszeit: 10 Minuten + 15 Minuten Backzeit
Portionen: 1 Person

Zutaten:

- 200 g Brokkoli, in Röschen zerteilt
- 1 EL Sesamöl
- 1 EL Sesamsamen, leicht geröstet
- 1/2 rote Zwiebel, fein gehackt
- 1 TL frischer Ingwer, gerieben
- Eine Prise Meersalz
- Eine Prise schwarzer Pfeffer, frisch gemahlen
- 2 EL frischer Bio-Zitronensaft
- 1 TL natives Olivenöl extra

Zubereitung:

1. Heize den Backofen auf 180 Grad vor.

2. Während der Backofen aufheizt, verteile die Brokkoliröschen auf einem Backblech. Beträufle sie mit dem Sesamöl und streue die gehackte rote Zwiebel darüber.

3. Sobald der Backofen bereit ist, schiebe das Backblech hinein und röste den Brokkoli für etwa 15 Minuten, bis er an den Rändern leicht gebräunt ist und eine angenehme Textur hat.

4. In der Zwischenzeit röste die Sesamsamen in einer trockenen Pfanne bis sie goldbraun sind und beginnen zu duften. Sei vorsichtig, da sie schnell verbrennen können.

5. Mische in einer kleinen Schüssel den geriebenen Ingwer, das Meersalz, den frisch gemahlenen schwarzen Pfeffer, den frischen Zitronensaft und das Olivenöl, um ein Dressing zu machen.

6. Sobald der Brokkoli geröstet ist, nimm ihn aus dem Backofen und gib das Dressing darüber. Rühre gut um, damit alle Röschen gleichmäßig gewürzt sind.

7. Streue die gerösteten Sesamsamen über den Brokkoli und serviere ihn warm.

Süßkartoffel-Pommes

Zubereitungszeit: 10 Minuten + 30 Minuten Backzeit
Portionen: 1 Person

Zutaten:

- 1 große Süßkartoffel (gewaschen und in Pommes-Streifen geschnitten)
- 2 EL natives Olivenöl extra
- 1 TL Meersalz
- 1 TL Paprikapulver, edelsüß
- 1 EL frische Petersilie, fein gehackt
- 1 EL frisch gepresster Bio-Zitronensaft

Zubereitung:

1. Heize deinen Backofen auf 200 Grad vor.

2. Lege ein Backblech mit Backpapier aus.

3. Verteile die Süßkartoffelstreifen auf dem Backblech und tröpfle das Olivenöl darüber. Mische alles gut durch, sodass alle Streifen mit Öl bedeckt sind.

4. Würze die Süßkartoffelstreifen mit Salz und Paprikapulver. Mische erneut durch, um eine gleichmäßige Würzung zu gewährleisten.

5. Backe die Pommes für 30 Minuten im vorgeheizten Backofen, bis sie knusprig und goldbraun sind. Wende sie nach 15 Minuten, um sicherzustellen, dass sie gleichmäßig garen.

6. Nimm die Pommes aus dem Ofen und beträufle sie mit Zitronensaft. Streue die frisch gehackte Petersilie darüber.

7. Lass die Pommes kurz abkühlen, bevor du sie genießt.

Gedünstetes Wurzelgemüse

Zubereitungszeit: 10 Minuten + 20 Minuten Kochzeit
Portionen: 1 Person

Zutaten:

- 1 mittelgroße Karotte, gewaschen und in Scheiben geschnitten
- 1 kleine rote Bete, gewaschen, geschält und in Scheiben geschnitten
- 1 kleiner Sellerie, gewaschen und in Scheiben geschnitten
- 1 kleiner Pastinake, gewaschen und in Scheiben geschnitten
- 2 EL natives Olivenöl extra
- Salz und Pfeffer zum Abschmecken
- Eine Prise Kurkuma
- Eine Prise Kreuzkümmel
- 50 ml Wasser
- Ein kleiner Bund frische Petersilie, gewaschen und gehackt

Zubereitung:

1. Du erhitzt das Olivenöl in einer Pfanne auf mittlerer Hitze.

2. Dann gibst du die geschnittenen Karotten, die rote Bete, den Sellerie und die Pastinake in die Pfanne und rührst um, bis alles gut mit Öl bedeckt ist.

3. Nun würzt du das Gemüse mit Salz, Pfeffer, Kurkuma und Kreuzkümmel, rührst wieder um, um die Gewürze gut zu verteilen.

4. Du gießt das Wasser in die Pfanne und lässt das Gemüse bei niedriger Hitze etwa 20 Minuten köcheln, bis es weich ist, aber noch Biss hat. Wenn nötig, gibst du etwas mehr Wasser hinzu.

5. Zum Schluss streust du die gehackte Petersilie über das Gemüse, rührst sie unter und lässt das Ganze noch einmal 2 Minuten köcheln. Das war's schon!

Geröstete Rote Beete mit Dill

Zubereitungszeit: 10 Minuten + 35 Minuten Backzeit
Portionen: 1 Person

Zutaten:

- 1 große Rote Beete, geschält und in Würfel geschnitten
- 2 EL natives Olivenöl extra
- Salz und Pfeffer nach Geschmack
- 1 TL frischer Dill, fein gehackt
- 1 TL Bio-Zitronensaft
- 1 EL gehackte Mandeln

Zubereitung:

1. Heize deinen Ofen auf 200 Grad vor.

2. Gib die gewürfelte Rote Beete auf ein Backblech. Träufle das Olivenöl darüber und würze mit Salz und Pfeffer. Mische alles gut durch, so dass die Rote Beete gleichmäßig mit Öl und Gewürzen bedeckt ist.

3. Schiebe das Backblech in den Ofen und röste die Rote Beete für etwa 35 Minuten oder bis sie weich und leicht karamellisiert sind.

4. Während die Rote Beete röstet, hacke den frischen Dill und die Mandeln.

5. Wenn die Rote Beete fertig ist, nimm sie aus dem Ofen und lasse sie kurz abkühlen.

6. Gib dann den Zitronensaft, den gehackten Dill und die Mandeln über die Rote Beete. Vermenge alles gut miteinander.

7. Deine geröstete Rote Beete ist jetzt fertig zum Servieren! Genieße sie warm oder kalt als leckere Beilage.

Gerösteter Blumenkohl mit Kurkuma

Zubereitungszeit: 10 Minuten + 25 Minuten Backzeit
Portionen: 1 Person

Zutaten:

- 1 kleiner Blumenkohl, in Röschen geschnitten
- 2 EL natives Olivenöl extra
- 1 TL Kurkuma
- Eine Prise Salz
- Eine Prise frisch gemahlener schwarzer Pfeffer
- Ein paar Chiliflocken (optional)
- Frische Petersilie, gehackt zum Garnieren

Zubereitung:

1. Heize deinen Ofen auf 200 Grad vor. Lege ein Backblech mit Backpapier aus.

2. In einer großen Schüssel mische den Blumenkohl mit dem Olivenöl. Stelle sicher, dass jedes Röschen gut bedeckt ist.

3. Gib Kurkuma, Salz, Pfeffer und optional Chiliflocken hinzu. Vermische alles gründlich, damit die Gewürze gleichmäßig verteilt sind.

4. Verteile den Blumenkohl auf dem vorbereiteten Backblech. Stelle sicher, dass die Röschen nicht überlappen.

5. Brate den Blumenkohl 25 Minuten im Ofen oder bis er schön gebräunt und knusprig ist.

6. Nimm das Backblech aus dem Ofen und lass den Blumenkohl etwas abkühlen.

7. Vor dem Servieren bestreue den gerösteten Blumenkohl mit frischer Petersilie.

Karotten-Ingwer-Püree

Zubereitungszeit: 15 Minuten + 15 Minuten Garzeit
Portionen: 1 Person

Zutaten:

- 200 g Karotten, geschält und in Scheiben geschnitten
- 10 g frischer Ingwer, geschält und fein gehackt
- 30 ml natives Olivenöl extra
- 1 TL Salz
- 1/2 TL Pfeffer, gemahlen
- 150 ml Gemüsebrühe
- 1 EL frischer Bio-Zitronensaft
- 2 EL Mandelmilch, ungesüßt
- 1 EL frische Petersilie, fein gehackt

Zubereitung:

1. Erhitze das Olivenöl in einer mittleren Pfanne über mittlerer Hitze. Füge die Karottenscheiben und den Ingwer hinzu. Röste sie unter gelegentlichem Umrühren für ca. 5 Minuten oder bis die Karotten weich werden.

2. Füge Salz und Pfeffer hinzu, rühre um und gieße dann die Gemüsebrühe ein. Lass alles für ca. 10 Minuten köcheln, bis die Flüssigkeit um die Hälfte reduziert ist und die Karotten vollständig weich sind.

3. Nimm die Pfanne vom Herd und lass die Mischung etwas abkühlen. Gib die Karotten-Ingwer-Mischung in einen Mixer, füge den Zitronensaft und die Mandelmilch hinzu und püriere alles zu einem glatten Püree.

4. Wenn das Püree zu dick ist, füge noch etwas Mandelmilch hinzu, bis die gewünschte Konsistenz erreicht ist.

5. Schmecke das Püree ab und würze es bei Bedarf mit zusätzlichem Salz und Pfeffer. Serviere das Püree mit der frisch gehackten Petersilie bestreut.

Zitronen-Koriander-Kichererbsen

Zubereitungszeit: 15 Minuten + 2 Stunden Einweichzeit für die Kichererbsen
Portionen: 1 Person

Zutaten:

- 60 g getrocknete Kichererbsen, eingeweicht
- 1 frische Bio-Zitrone, ausgepresst und abgerieben
- 1 kleines Bund frischer Koriander, gewaschen und grob gehackt
- 2 EL natives Olivenöl extra
- Salz und Pfeffer, nach Geschmack
- 1 kleiner roter Paprika, gewürfelt
- 1 EL gehackte rote Zwiebeln

Zubereitung:

1. Weiche die Kichererbsen mindestens 2 Stunden oder über Nacht in Wasser ein. Spüle sie ab und lasse sie abtropfen.

2. Gib die eingeweichten Kichererbsen in einen Kochtopf, bedecke sie mit Wasser und koche sie auf mittlerer Hitze etwa 40 Minuten oder bis sie weich sind. Abgießen und abkühlen lassen.

3. In einer großen Schüssel vermische die gekochten Kichererbsen, gewürfelten Paprika und gehackten roten Zwiebeln.

4. In einer kleinen Schüssel mache das Dressing. Vermische den Zitronensaft, Zitronenabrieb, Olivenöl, Salz und Pfeffer.

5. Gieße das Dressing über die Kichererbsenmischung und rühre gut um, bis alles gut vermischt ist.

6. Füge den gehackten Koriander hinzu und vermische alles erneut.

7. Lass den Salat vor dem Servieren einige Minuten ziehen, damit die Aromen sich verbinden können.

Gerösteter Kürbis mit Rosmarin

Zubereitungszeit: 15 Minuten + 35 Minuten Backzeit
Portionen: 1 Person

Zutaten:

- 250 g Hokkaido-Kürbis, entkernt und in Würfel geschnitten
- 1 EL natives Olivenöl extra
- 1 TL frischer Rosmarin, fein gehackt
- Salz und Pfeffer nach Geschmack
- 2 EL Mandelsplitter
- Frischer Rucola, gewaschen und getrocknet
- Ein Spritzer Bio-Zitronensaft

Zubereitung:

1. Den Backofen auf 200 Grad vorheizen. Ein Backblech mit Backpapier auslegen.

2. Den Kürbis in eine Schüssel geben, Olivenöl, gehackten Rosmarin, Salz und Pfeffer hinzufügen. Alles gut vermischen, sodass der Kürbis gleichmäßig gewürzt ist.

3. Den gewürzten Kürbis auf das vorbereitete Backblech geben und im vorgeheizten Ofen für etwa 30-35 Minuten rösten, bis er weich und leicht gebräunt ist.

4. Während der Kürbis im Ofen ist, die Mandelsplitter in einer Pfanne ohne Öl bei mittlerer Hitze rösten, bis sie goldbraun sind. Vorsicht, sie verbrennen leicht!

5. Den gerösteten Kürbis aus dem Ofen nehmen und etwas abkühlen lassen.

6. Zum Servieren den Rucola auf einem Teller verteilen, den gerösteten Kürbis darauf anrichten und mit den gerösteten Mandelsplittern bestreuen. Mit einem Spritzer Zitronensaft abschmecken.

Dampfgegarte Artischocken

Zubereitungszeit: 10 Minuten + 25 Minuten Dampfgarzeit
Portionen: 1 Person

Zutaten:

- 1 frische Artischocke
- 500 ml Wasser
- 1 TL Salz
- Saft von einer halben Bio-Zitrone
- 1 EL natives Olivenöl extra
- Eine Prise getrockneter Rosmarin
- Eine Prise frisch gemahlener schwarzer Pfeffer

Zubereitung:

1. Schneide die Artischocke etwa einen Zentimeter oberhalb des Stiels ab und entferne die äußeren harten Blätter. Spitze Blätter am oberen Ende etwa zur Hälfte abschneiden. Spüle sie gut unter fließendem Wasser ab, um eventuelle Sandreste zu entfernen.

2. Fülle einen Dampfgarer oder einen Topf mit Dampfeinsatz mit Wasser und bringe es zum Kochen. Füge das Salz hinzu.

3. Setze die Artischocke mit der Schnittfläche nach unten in den Dampfeinsatz und bedecke den Topf mit einem Deckel. Lasse sie etwa 25 Minuten garen, bis die Blätter leicht zu entfernen sind.

4. Während die Artischocke dampfgart, presse die Zitrone aus und vermische den Saft mit dem Olivenöl, dem Rosmarin und dem Pfeffer.

5. Sobald die Artischocke fertig ist, entferne sie vorsichtig aus dem Dampfgarer und beträufle sie mit der Zitronen-Olivenöl-Mischung. Lass sie ein paar Minuten ziehen, bevor du sie servierst.

Snacks für Unterwegs

Bananen-Haferflocken-Kekse

Zubereitungszeit: 15 Minuten + 20 Minuten Backzeit
Portionen: ca. 10 Kekse

Zutaten:

- 2 reife Bananen, geschält und in Scheiben geschnitten
- 80 g feine Haferflocken
- 1 EL Chiasamen
- 30 g Kokosöl, geschmolzen
- 40 ml Mandelmilch, ungesüßt
- 1 TL Zimt, gemahlen
- Eine Prise Salz

Zubereitung:

1. Heize deinen Backofen auf 180 Grad vor und lege ein Backblech mit Backpapier aus.

2. In einer mittelgroßen Schüssel zerdrückst du die Bananenscheiben mit einer Gabel, bis eine Art Bananenbrei entsteht.

3. Nun fügst du die Haferflocken, Chiasamen, geschmolzenes Kokosöl, Mandelmilch, Zimt und eine Prise Salz hinzu. Mische alles gut durch, bis eine gleichmäßige Masse entsteht.

4. Mit einem Löffel nimmst du kleine Portionen des Teiges und formst sie zu Keksen auf dem Backblech.

5. Die Kekse kommen für etwa 20 Minuten in den vorgeheizten Backofen. Behalte sie im Auge, damit sie nicht zu dunkel werden.

6. Sobald die Kekse goldbraun sind, nimmst du sie aus dem Ofen und lässt sie auf dem Backblech abkühlen. Fertig sind deine köstlichen Kekse!

Zucchini-Muffins

Zubereitungszeit: 15 Minuten + 20 Minuten Backzeit
Portionen: ca. 6 Muffins

Zutaten:

- 100 g frische Zucchini, fein gerieben
- 50 g Dinkelvollkornmehl
- 50 g Mandelmehl
- 1 reife Banane, zermatscht
- 1 EL Chiasamen
- 1 TL Backpulver
- 1 TL Zimt, gemahlen
- 60 ml Mandelmilch
- 2 EL Ahornsirup
- 2 EL Kokosöl, geschmolzen

Zubereitung:

1. Heize den Backofen auf 180 Grad vor. Lege eine Muffinform mit Papierförmchen aus.

2. Mische in einer Schüssel Dinkelvollkornmehl, Mandelmehl, Backpulver und Zimt zusammen.

3. In einer zweiten Schüssel vermische die zermatschte Banane, die geriebene Zucchini, Mandelmilch, Ahornsirup und das geschmolzene Kokosöl.

4. Gib die trockenen Zutaten zu den feuchten und rühre alles gut durch.

5. Fülle den Teig gleichmäßig in die vorbereiteten Muffinförmchen.

6. Backe die Muffins für etwa 20 Minuten, oder bis sie goldbraun sind und beim Einstechen eines Zahnstochers dieser sauber herauskommt.

7. Lasse die Muffins einige Minuten in der Form abkühlen, bevor du sie herausnimmst.

Kichererbsen-Cracker

Zubereitungszeit: 10 Minuten + 15 Minuten Backzeit
Portionen: ca. 20 Cracker

Zutaten:

- 100 g Kichererbsenmehl
- 1 TL Backpulver
- 1/2 TL Salz
- 2 EL natives Olivenöl extra
- 50 ml Wasser
- 1 EL Sesamsamen
- 1 TL getrockneter Rosmarin oder Thymian

Zubereitung:

1. Heize deinen Ofen auf 180 Grad vor.

2. In einer mittelgroßen Schüssel vermische das Kichererbsenmehl, Backpulver und Salz.

3. Gib das Olivenöl hinzu und vermenge es gründlich mit den trockenen Zutaten, bis eine krümelige Masse entsteht.

4. Gib nach und nach das Wasser hinzu, während du weiter rührst, bis ein geschmeidiger Teig entsteht.

5. Lege ein Backblech mit Backpapier aus und rolle den Teig darauf aus, bis er etwa 0,5 cm dick ist.

6. Bestreue den Teig gleichmäßig mit Sesamsamen und deinen gewählten Kräutern, drücke sie sanft in den Teig.

7. Schneide den Teig mit einem Messer oder Pizzaroller in Quadrate oder Rechtecke, je nach gewünschter Cracker-Größe.

8. Backe die Cracker 15 Minuten im Ofen, bis sie goldbraun und knusprig sind.

9. Lass die Cracker auf dem Backblech abkühlen, bevor du sie vom Blech nimmst.

Süßkartoffel-Energiebällchen

Zubereitungszeit: 15 Minuten + 30 Minuten Backzeit
Portionen: ca. 10 Energiebällchen

Zutaten:

- 1 große Süßkartoffel (gekocht und püriert, etwa 200 g)
- 100 g Mandelmehl
- 50 ml Ahornsirup
- 1 EL Kokosöl, geschmolzen
- 1 TL Zimt
- 1 Prise Meersalz
- 50 g Sonnenblumenkerne, geröstet
- 50 g getrocknete Cranberrys

Zubereitung:

1. Heize deinen Backofen auf 180 Grad vor.

2. In einer großen Schüssel vermengst du die gekochte und pürierte Süßkartoffel, das Mandelmehl, Ahornsirup, geschmolzenes Kokosöl, Zimt und eine Prise Meersalz.

3. Rühre alles gut durch, bis eine gleichmäßige Masse entsteht.

4. Gib die gerösteten Sonnenblumenkerne und getrocknete Cranberrys hinzu und rühre noch einmal kurz durch.

5. Forme mit deinen Händen kleine Bällchen aus der Masse und lege diese auf ein mit Backpapier ausgelegtes Backblech.

6. Backe die Süßkartoffel-Energiebällchen im vorgeheizten Ofen für etwa 30 Minuten, bis sie leicht goldbraun sind.

7. Lass sie vor dem Verzehr komplett auskühlen.

Basischer Fruchtsalat im Glas

Zubereitungszeit: 10 Minuten + 5 Minuten Ruhezeit
Portionen: 1 Person

Zutaten:

- 1 reife Banane, in Scheiben geschnitten
- 2 saftige Kiwis, gewürfelt
- Eine Handvoll frische Himbeeren
- Eine Handvoll frische Blaubeeren
- 1 EL Chiasamen, über Nacht in 30 ml Wasser eingeweicht
- 30 ml frisch gepresster Bio-Zitronensaft
- 1 TL Ahornsirup, optional
- Eine Prise Salz

Zubereitung:

1. Lege die Bananenscheiben und Kiwistücke in ein Glas.

2. Füge die Himbeeren und Blaubeeren hinzu.

3. Verteile die eingeweichten Chiasamen gleichmäßig über die Früchte.

4. Gieße den frisch gepressten Zitronensaft über die Früchte und Chiasamen.

5. Gib nach Belieben einen TL Ahornsirup und eine Prise Salz hinzu.

6. Rühre alles vorsichtig um, bis die Früchte gut gemischt sind.

7. Lass den Salat für 5 Minuten stehen, damit die Aromen sich entfalten können. Danach ist dein basischer Fruchtsalat bereit zum Genießen!

Apfel-Zimt-Riegel

Zubereitungszeit: 15 Minuten + 20 Minuten Backzeit
Portionen: ca. 6 Riegel

Zutaten:

- 2 mittelgroße Äpfel, geschält und geraspelt
- 100 g Haferflocken
- 50 g Mandeln, fein gehackt
- 2 EL Chiasamen
- 4 EL Ahornsirup
- 1 TL gemahlener Zimt
- 1 Prise Meersalz

Zubereitung:

1. Heize zuerst den Ofen auf 180 Grad vor. Bereite eine kleine Backform vor, indem du sie mit Backpapier auslegst.

2. In einer großen Schüssel vermische die geraspelten Äpfel, Haferflocken, gehackten Mandeln, Chiasamen, Ahornsirup, Zimt und eine Prise Salz. Gut umrühren, bis alles gut vermischt ist.

3. Gib die Mischung in die vorbereitete Backform und drücke sie fest nach unten, damit sie gut kompakt ist.

4. Backe die Mischung im vorgeheizten Ofen für etwa 20 Minuten, oder bis die Oberseite leicht goldbraun ist.

5. Lass die Mischung komplett abkühlen, bevor du sie in Riegel schneidest.

6. Genieße die Riegel als Snack für Unterwegs.

Spinat-Muffins

Zubereitungszeit: 10 Minuten + 20 Minuten Backzeit
Portionen: ca. 6 Muffins

Zutaten:

- 100 g frischer Spinat, gewaschen und abgetropft
- 200 ml ungesüßte Mandelmilch
- 50 g Mandelmehl
- 50 g Buchweizenmehl
- 1 EL Kokosöl, geschmolzen
- 2 TL Backpulver
- Eine Prise Salz
- 1 EL Chiasamen
- 2 EL Wasser

Zubereitung:

1. Heize deinen Backofen auf 180 Grad vor. Bereite eine Muffin-Form vor, indem du sie leicht mit Kokosöl einfettest.

2. In einer kleinen Schüssel mischst du die Chiasamen mit dem Wasser und lässt sie für etwa 5 Minuten quellen. Das ist dein „Chia-Ei".

3. Gib den frischen Spinat und die Mandelmilch in einen Mixer und mixe sie, bis sie vollständig miteinander vermischt sind.

4. In einer großen Schüssel mischst du das Mandelmehl, das Buchweizenmehl, das Backpulver und das Salz. Gieße die Spinat-Mandelmilch-Mischung hinein und rühre alles gut um.

5. Füge das „Chia-Ei" und das geschmolzene Kokosöl hinzu. Mische alles noch einmal gründlich, bis ein gleichmäßiger Teig entsteht.

6. Fülle den Teig gleichmäßig in die vorbereiteten Muffinförmchen. Backe die Muffins im vorgeheizten Ofen für 20 Minuten oder bis sie fest sind und eine goldene Farbe angenommen haben.

7. Lass die Muffins vor dem Verzehr vollständig abkühlen.

Geröstete Mandeln mit Rosmarin

Zubereitungszeit: 5 Minuten + 15 Minuten Backzeit
Portionen: 1 Person

Zutaten:

- 100 g Mandeln, roh und unge-
  salzen
- 1 EL natives Olivenöl extra
- 1 Zweig frischer Rosmarin, fein
  gehackt
- Eine Prise Meersalz

Zubereitung:

1. Heize den Backofen auf 180 Grad vor.

2. Spüle die Mandeln unter kaltem Wasser ab und trockne sie mit einem sauberen Handtuch.

3. Verteile die Mandeln auf einem mit Backpapier ausgelegten Backblech.

4. Träufle das Olivenöl gleichmäßig über die Mandeln.

5. Streue den fein gehackten Rosmarin und eine Prise Meersalz über die Mandeln.

6. Mische alles gut durch, damit jede Mandel mit Öl, Rosmarin und Salz bedeckt
   ist.

7. Backe die Mandeln für 15 Minuten im vorgeheizten Backofen, oder bis sie
   goldbraun und duftend sind.

8. Lass die Mandeln vollständig abkühlen, bevor du sie in eine Snacktüte gibst.
   Sie werden beim Abkühlen noch knuspriger.

Schoko-Avocado-Pudding

Zubereitungszeit: 10 Minuten + 1 Stunde Kühlzeit
Portionen: 1 Person

Zutaten:

- 1 reife Avocado, geschält und entkernt
- 50 ml Mandelmilch, ungesüßt
- 15 g rohes Kakaopulver
- 10 g Ahornsirup
- 1 Prise Salz
- 5 g Vanilleextrakt
- Einige frische Beeren und Minzblätter zum Garnieren (optional)

Zubereitung:

1. Schnapp dir zuerst deine Avocado. Schneide sie in zwei Hälften, entferne den Kern und löffle das Fruchtfleisch aus. Lege es beiseite.

2. Nimm dann eine kleine Schüssel und füge die Mandelmilch, das Kakaopulver, den Ahornsirup, die Prise Salz und den Vanilleextrakt hinzu.

3. Verwende einen Schneebesen, um alles gut zu vermischen, bis eine glatte Schokoladenmischung entsteht.

4. Jetzt ist es an der Zeit, deine Avocado und die Schokoladenmischung zu vereinen. Gib beides in einen Mixer und mixe, bis eine cremige, gleichmäßige Konsistenz erreicht ist.

5. Sobald dein Pudding die gewünschte Konsistenz erreicht hat, gieße ihn in eine Schüssel oder ein Glas.

6. Lasse deinen Pudding mindestens eine Stunde im Kühlschrank ruhen, damit er die perfekte Pudding-Konsistenz erreicht.

7. Nach der Kühlzeit garniere deinen Pudding nach Wunsch mit einigen frischen Beeren und Minzblättern. Dein basischer Pudding ist servierfertig!

Karotten-Haferflocken-Riegel

Zubereitungszeit: 10 Minuten + 20 Minuten Backzeit
Portionen: ca. 6 Riegel

Zutaten:

- 120 g Haferflocken
- 60 g gehackte Mandeln
- 2 mittelgroße Karotten, fein geraspelt (etwa 120 g)
- 3 EL Ahornsirup
- 2 EL Kokosöl, geschmolzen
- 1/2 TL Zimt
- Eine Prise Salz

Zubereitung:

1. Heize den Backofen auf 180 Grad vor und lege eine Backform mit Backpapier aus.

2. In einer großen Schüssel vermischst du die Haferflocken, gehackten Mandeln, geraspelten Karotten, Zimt und Salz miteinander.

3. In einer anderen Schüssel verbindest du das geschmolzene Kokosöl mit dem Ahornsirup.

4. Gib die feuchten Zutaten zu den trockenen und vermische alles gut miteinander, bis alle Zutaten feucht sind.

5. Verteile die Mischung gleichmäßig in der vorbereiteten Backform und drücke sie fest nach unten.

6. Backe die Riegel 20 Minuten im vorgeheizten Backofen, bis sie goldbraun sind.

7. Lasse die Riegel in der Form vollständig abkühlen, bevor du sie in Stücke schneidest.

Schlusswort

Liebe Leserin, lieber Leser,

während ich diese letzten Worte für dich schreibe, hoffe ich aufrichtig, dass dieses Buch eine Quelle der Inspiration für dich war und dich auf dem Weg zu einer gesunden, basischen Ernährung begleitet und unterstützt hat.

Vergiss nicht, dass jeder noch so kleine Schritt zählt. Jede kleine Veränderung, die du in deinem Ernährungsstil vornimmst, ist ein Sieg. Und es ist wichtig, dass du dich dafür feierst. Dein Weg zur basischen Ernährung ist ein persönlicher und einzigartiger Prozess, und du solltest stolz auf jeden Fortschritt sein, den du machst.

Ich hoffe, dass dieses Buch dir geholfen hat, die Bedeutung und den Wert einer basischen Ernährung besser zu verstehen und dir das Wissen gegeben hat, welches du für eine erfolgreiche Umsetzung benötigst. Glaube an dich selbst und sei mutig auf deinem Weg zu einer gesünderen und glücklicheren Zukunft.

Zum Abschluss möchte ich dich noch einmal daran erinnern, dass du jederzeit auf die Rezepte in diesem Buch zurückgreifen kannst. Sie sind dazu da, dir zu helfen, dich weiterhin inspiriert und motiviert zu fühlen. Jedes Mal, wenn du eine dieser Mahlzeiten zubereitest, denke daran, dass du etwas Gutes für dich und deinen Körper tust.

Mit den besten Wünschen für deine Gesundheit und dein Wohlbefinden,

Deine Nina Schulz

Impressum